心経百話

The 100 Stories of SHINGYO
Hida Keiko

姚田圭子

東方出版

序

東京大学名誉教授
東方学院長　中村　元

姚田圭子女史は、草絵という新たな芸術様式を創始した方としてよく知られている。

わたくしが女史を知るようになったのは、不思議なご縁による。

アメリカのカリフォルニアで佛の慈悲の光を世に広めたいと粉身砕身の覚悟を以て努力しおられる日本人のある開教使がおられるが、その夫人がたまたま女史の草絵に魅せられて、弟子入りをし、ついに日本にある女史の学院にまで訪ねて来られた。

女史の草絵は、世間でいう切絵に近いものであるが、独特の侵し難い風格と、魅了してすべてを忘れさせる美をそなえている。それは女史の一途なるお人柄の反映であろう。

女史の芸術はやがて夫君なる開教使の心を捉えた。

インドの古典語であるサンスクリットを勉強した人なら必らず通読したはずである有名

な作品『ナラ王物語』という短篇叙事詩がある。それは思いがけぬ災難に出会った国王と王妃との純粋な夫婦愛を歌った名品であるが、その物語を右の開教使の方が内容梗概を邦文に訳出したもので、女史が一連の草絵で表現し、又、意訳もしたものである。本邦にはもちろん世界の諸国を通じても例の無い企画であった。

その姚田圭子女史がこのたび『心経百話』を上梓されることになった。般若心経の講議の類の著作は数多くあるが、姚田女史の百話は、天馬空を行くがごとく、闊達自在である。読んでみると、読者のほうが「あれよ、あれよ!」と思っているうちにジェットコースターに乗せられてしまう。ハラハラするうちに、般若心経の要所を教えられる。般若心経は深遠で難しいものだと思わないで、このジェットコースターを楽しんでみられたら、どうだろう。

般若心経の文章におじ気をふるわれた方々も必らずやここに説かれている流れるような麗筆に思わず快哉を叫ばれるであろう。

心経百話◇目次

序　　　　　　　中村　元

第一話　般若心経の入口で ……… 3
第二話　人生の船出 ……… 6
第三話　般若 ……… 8
第四話　秋の中の般若 ……… 10
第五話　発端の空 ……… 12
第六話　波羅蜜多 ……… 14
第七話　母布施と父布施 ……… 16
第八話　持戒（六波羅蜜の中） ……… 18
第九話　忍辱（六波羅蜜の中） ……… 20
第十話　精進（六波羅蜜の中） ……… 21
第十一話　禅定（六波羅蜜の中） ……… 23
第十二話　智慧（六波羅蜜の中） ……… 24
第十三話　五蘊（色蘊） ……… 25
第十四話　目が見つけます … 受蘊 ……… 27
第十五話　声を聞きました … 想蘊行蘊 ……… 29
第十六話　識 ……… 31
第十七話　皆 ……… 33
第十八話　度一切苦厄 ……… 34
第十九話　空の鍵 ……… 35
第二十話　一つの因から ……… 37
第二十一話　因と縁を結んでお見せします ……… 39
第二十二話　舎利子 ……… 43
第二十三話　色不異空 … 空不異色 ……… 45
第二十四話　差別あって平等 ……… 47
第二十五話　嫌いは好きのはじめか ……… 51

第二十六話　サンスクリットの心経……55
第二十七話　心経と着物……58
第二十八話　源氏物語とおなじ因果の話……63
第二十九話　仏教のゆくえ……67
第三十話　心経への頌……69
第三十一話　是……70
第三十二話　諸法空相不生不滅……71
第三十三話　不垢不浄……73
第三十四話　地球の皮（不増不減）……74
第三十五話　十八界……76
第三十六話　無明（十二因縁の中）……77
第三十七話　行（十二因縁の中）……78
第三十八話　識（十二因縁の中）……79
第三十九話　名色、六入（十二因縁の中）……80
第四十話　触（十二因縁の中）……81
第四十一話　受（十二因縁の中）……82
第四十二話　愛（十二因縁の中）……83
第四十三話　取、有（十二因縁の中）……84
第四十四話　老死（十二因縁の中）……85
第四十五話　雲門挙す……87
第四十六話　亦無老死盡……89
第四十七話　譬喩は譬喩どこまでも……91
第四十八話　美しい天女……95
第四十九話　過去世の月……99
第五十話　インド零の発見私話……105
第五十一話　黄金の記号○……110

第五十二話　空と零……112
第五十三話　零の諧謔……112
第五十四話　無苦集滅道……113
第五十五話　山一つ……115
第五十六話　無智亦無得……117
第五十七話　以無所得故……122
第五十八話　写経は功徳がありますか……124
第五十九話　菩提薩埵……129
第　六十　話　依般若波羅蜜多故……130
第六十一話　何もない…　その一……131
第六十二話　何もない…　その二……135
第六十三話　本来無一物……136
第六十四話　一冊の本……138
第六十五話　無罣礙……140
第六十六話　無罣礙故無有恐怖……142
第六十七話　清貧と清富……143
第六十八話　蟻地獄……144
第六十九話　遠離一切顛倒夢想究竟涅槃……146
第　七十　話　三世諸仏……148
第七十一話　得阿耨多羅三藐三菩提……154
第七十二話　是大神咒……155
第七十三話　是大明咒……155
第七十四話　是無上咒……156
第七十五話　是無等等咒……156
第七十六話　真実不虚……157
第七十七話　説般若波羅蜜多咒……158

第七十八話　日本の咒……159
第七十九話　アマゾンの咒曰……161
第八十話　ヨーロッパの咒……163
第八十一話　万葉仮名の咒……165
第八十二話　般若波羅蜜多の咒……166
第八十三話　説きおわりましたが……167
第八十四話　お受けしましょう……172
第八十五話　両手を受けましょう……174
第八十六話　三宝……176
第八十七話　「空」の路線……178
第八十八話　捉われ人……179
第八十九話　因果図……180
第九十話　因縁八題（蜘蛛が死ぬ時）……181
第九十一話　因縁八題（椿の花は）……185
第九十二話　因縁八題（馬追虫）……187
第九十三話　因縁八題（むかでの冬ごもり）……189
第九十四話　因縁八題
（蛍が生まれる匂いがします）……193
第九十五話　因縁八題（獅子の王）……195
第九十六話　因縁八題（はたざお）……197
第九十七話　因縁八題（犬はお使者）……201
第九十八話　信じるということが
できますか……209
第九十九話　ここまできました……211
第百話　合掌……212
あとがき

心経百話

第一話　般若心経の入口で

旅に出ましょう。

旅はいいものです。

楽しい生活は、旅に出るともっと楽しくなります。新しい発見をするのもまた旅の喜びです。

心哀しい人も旅に出ましょう。哀しみはもっと深くなるかもしれません。でも、樹々や草や、鳥たちが、いままで一度も感じたことのない親しさであなたのそばに居るのをあなたは見つけるでしょう。

旅はまた、誰にとってもその一人一人が、最もよく自己を知ることのできる機会でもあるのです。

「人生は旅」とむかしからよくいわれてきましたが、その通りです。私たちは一人残らず人生の旅人であるといえます。

人生の旅の乗り物は何でしょうか。

人生の旅の乗り物は船です。

その船の名前を「波羅蜜《はらみつ》の船」といいます。

「まちがいなく到着する」というお船です。

どこへ到着するかというと、
それは彼《か》の岸といわれています。

彼の岸ってどこの国の岸ですか。そして、そのお船の出る港はどこですか。

お船の着く彼の岸の名前は何ですか。

それはですね、お船の着く彼の岸の名前はありません。それから、お船の出る港もないのです。

へえ、
じゃ、どうしたらいいのですか。船の出る港もないし、船の着く岸も分からないのですか。第一、波羅蜜の上に「般若《はんにゃ》」とありますが、般若とは何でしょう。鬼の顔をしたあの怖いお面ですか。

「般若」は仏智です。私たちの智慧《ちえ》ではなく仏さまの智慧です。

仏さまですって、仏さまなんて本当におられるのですか。おられるのならお逢いしたいものです。お逢いできますか。

念のためにいっておきますが、あなたは仏さまにはお逢いできないでしょう。多分。

いくら探しても、仏さまだけでなく、神さまにだってきっと、どこにもおられないのではないか、といっておきましょう。

だからといって……。

お逢いできないということはないのです。このところは、大変むつかしいところで、また、大そう楽しいところでもあります。

どうやら、般若心経の入口のそばまできたようです。

さあ、扉をたたいてください。

第二話　人生の船出

扉をたたいて開かれたところは般若心経の世界です。般若波羅蜜多は「智の光で到彼岸」と訳されています。訳されたもとの言語は、どこの国の何語でしょう。

般若波羅蜜多の次に、心経という二字が出てまいります。心経、心の髄《ずい》。智慧の髄を説くお経というのが般若波羅蜜多心経ということになります。

私たちは波羅蜜の船に乗って、智慧の完成への旅に出ます。智慧の完成といっても、学問をして大学の教授になるとか、発明発見するとかいうのではないのです。

潮は叶い、風も和《なご》み、海は凪《なぎ》。微風に帆を張って大海へ宝を取りに出発いたします。宝とは何々。金銀、瑠璃《るり》、硨磲《しゃこ》、瑪瑙《めのう》、珊瑚《さんご》、琥珀《こはく》、真珠《しんじゅ》といった七つの宝を取りに。七つの宝とは、心の美しさや、精進《しょうじん》心などを金銀瑠璃……に例えてあるわけです。

順調にゆけばいいのですが好天はたちまち一点の黒雲を兆《きざし》として、いなずまははためき、雷鳴はとどろきわたり、暗雲は掩《おお》いかぶさり、船は大波に呑まれようとする破局にひきこまれます。人生にも、いつ、何時《なんどき》このようなことがおこらないとはかぎりません。そんなときに助けを求める声を聞きつけて救って下さるのが観世音菩薩なのです。

なぜ、心経へいきなり観音さまが出てこられたかと申しますと、心経は、いの一番に観自在菩薩からはじまるのです。観自在菩薩とは、観世音菩薩だと思って下さっていいのです。船出して嵐に逢うところや、観音さまがどのようにして助けて下さるかは、くわしく、いつか観音経をお読み頂くことにして、ここでは観世音に御登場願って観音さまを御紹介することといたします。

観音さまは、身分の上下を問わず、貧富の差は無関係、人間の出来不出来も問題なく、どなたでも普門という門をくぐって入ってきて下さいというのが観音さまなのです。

観音さまは菩薩の位で、まだ仏さまではないものですから、仏になる御修行をしておられます。その、観音さまが、心経では観自在菩薩さまとなっています。

聖観音と申しあげてもいいのです。お名がそれぞれちがっても、みなおなじお方でございます。慈悲の菩薩であります。これで、観自在菩薩の紹介をおわります。

第三話　般若

般若は仏の智慧であります。

何度かくり返すうちに覚えて下さい。

仏の智慧とは、どんな智慧でありましょうか。

仏さまといっても誰かさんの家の仏壇の中におられるあの、お方ではありません。

あれは、仏さまを描いた紙であったり、仏を彫った木にすぎません。

本当の仏の、智慧を探してみましょう。見つかるかどうか、私の方法で探すとしましょう。

何日か前、小さい小さい浅い緑豆のような一粒が土からのぞきました。

今日見ますと、一つ二つではなく、十も二十も、もっと、もっと……百や二百はあると思います。その小さい緑の豆粒が……。

その小さい粒は少しづつふくらんで口を開きました。

私たちに口があるように、その小さい粒にも口があったのです。

私たちの口に歯があるように、その小さい粒にも歯が見え出したのです。

それは、草の芽でありました。その芽の歯は、葉でありました。

そうですそうです。口や、歯だけでなく、その葉の芽は、私たちにある目のように、草の芽として伸びはじめたのです。

いまに、私たちに鼻があるように、草にも花という鼻があるのが分かる日がきますね。

それは日本さくら草です。

花だけではありません。樹も、石も、苔も、みんなみんな。

みんな、生き生きしています。

いま、ここにあるもの、
ここだけでなく、そこにあるもの、
それが、般若なのです。

それが、そのままに。

第四話　秋の中の般若

春風が吹く中で、芽が出ました。

そして花が咲きました。

蝶も舞います。鳥も歌います。

花や蝶だけでなく、木も石も苔《こけ》も、みんなみんな、生き生きと……それが般若ですと書きました。

それでは、やさしいものが般若ですか。

それなら、楽しいものが般若、ですかと、あなたはお思いになっているでしょうか。

いいえ、般若はやさしいものであっても、やさしいものが般若ではないのです。

あめつちの中に、草や、樹々は萌《も》えて繁りました。花も咲きました。

でも、でも次には風が吹くのです。必ず。風は時に強く、そして小休止。

荒く散った風は、もっと強く、二メートル、三メートル、どころか、やがて十メートル。

風は夏のおわりから秋にかけて吹きわたります。野分《のわき》と申します。

野も、山も、野分の風は容赦なく吹き過ぎてゆきます。どこからきて、どこへゆくのでしょうか。突如として襲来するあの台風のことです。

草たちは地に伏しておののき、樹々たちは髪をふりみだして号泣して風に抗《あらが》います。

誰も助けないのですか。

そうです。誰も助けてはくれないのです。

嵐は、嵐さえもそれがそのままに般若でありました。

嵐が通り過ぎますと、いつものあの青い空。

それも、いつもより、もっと、もっと澄みわたる青空。それが般若であるのです。

コスモスは地にたおれ伏したまま、首だけを持ちあげて、今朝の新しい花を開きました。

その強い花の生きる力、それも般若の心でありました。

般若の心の髄《ずい》。それを説くお経、それが般若心経であります。

仏説というのは、お釈迦さまがお説きになったお経ということです。

第五話　発端《ほったん》の空

春は花、夏は蛍といい暮らしているうちに、花たちは散りこぼれ、結んだ実は朽《く》ち、大地は沈黙の冬を迎えます。木枯が吹いて、月も凍るばかりです。

それも、般若ですか。

そうです。すべて、花も実も月もみんな。蝶々の羽の一つ一つに異なった模様を配して下さったのも般若です。

でも、それらのすべて……森羅万象《しんらばんしょう》は、五つの集まりからできていますと、照見《しょうけん》されたのは求道者観世音菩薩《ぐどうしゃかんぜおんぼさつ》でありました。菩薩は深い般若への道の修行の極《きわ》みに立って、仏の代理者として仰《おっしゃ》いました。

目に見えるすべてのものは、みな、仮の姿であります、と。それらには自性《じしょう》なくすべては「空《くう》」であります、と看破されました。

すべては「空」の見地に立って、あらゆる衆生《しゅじょう》を苦悩より済度《さいど》なさったのでありました。

「空《くう》」は空《そら》と読まず「空《くう》」と読みます。

「空」の一字が分かれば、般若心経は分かったのもおなじことだ、といわれるくらいに心経の中で一番大切な一字が、この「空」であります。

空は、それほど重大な一字なので、なかなかやっかいな一字でもあります。簡単には解明できないので、ここで、しばらくこの一字をしまっておくことにします。大切の一字ですから、きれいな箱に入れておきましょう。大切の空の入ったきれいな箱ですから、銀の鍵でもかけておきましょう。

「空」を仕舞《しま》って下さったら、ここで、

五蘊《ごうん》、波羅蜜、この二つについてのべることにいたしましょう。

五蘊とは、五つの集まりということです。何が、どこへ集まっているのですか。

波羅蜜とは何でしょうね。

私たちが、般若へゆく道で守り続けてゆきたい戒律《かいりつ》であるといえます。

それらを、一つ一つ、ゆっくりとはじめてゆくことにしましょう。

第六話　波羅蜜多《はらみた》

波羅蜜多には六つの波羅蜜（波羅蜜多の略）があります。
布施《ふせ》
持戒《じかい》
忍辱《にんにく》
精進《しょうじん》
禅定《ぜんじょう》
智慧《ちえ》

まず布施より。お布施といって、お盆などにお詣りにきて下さったお坊さまに差し上げるものを今は布施といいますが、波羅蜜の六つの行に入っている布施とは、総じて人さまに物や心を施すことを指していいます。

贈るということは、お祝いでも、おくやみでも何ごとであれ、あなたが、人に贈るにふさわしいかどうか……ということが布施の行とされているのです。

それを差し上げたら、お返しはいつ、何を下さるだろうか、というような心情で贈るのは布施とは認められません。

布施のことを「喜捨《きしゃ》」ともいいます。

捨てた心で……つまり貪欲《どんよく》の心でなくという意味です。しかも、喜んで捨てる……。あなたが捨てるという時は、もう、捨てて、惜しくないから捨てるのでしょう。その、捨てるとおなじ心で、しかも、喜んで捨てる心で差し上げます。

捨てるようなものをあげるのでなく、捨てた心、のことです。

えび鯛、などもってのほかで、物品でなくても心を差し上げることも布施といっていいと思います。

六波羅蜜の布施は、施すことが、一つの修行《しゅぎょう》の中に入っております。

布施は、いつまでも、あの人に何をあげた、などと覚えていないことです。

第七話　母布施と父布施

ゆうべは、大変、御馳走《ごちそう》になりました。

翌朝、あなたはこう、お母さんにお礼をいわないでしょう。

布施を、あなたから受けた人が安心して、何度もお礼をのべたり、お返しを持ってこなくなったら、それはあなたの布施の心が身についたのです。

布施はお母さんのような心で……と私は母布施という名をつけられるような布施もあってはいいのではないかと思っています。

布施をする人のことを話しましたが、受ける方も母布施であってもちゃんと礼を尽くし感謝の心をもって、ということは当然、お互いに喜びあいたいものだと考えます。

母布施があるので、今度は父布施もあってよろしいかと思います。

レストランに入っても、その方と御一緒なら、いつも安心して、どこへでもお伴したいというような男性があったら、それを父布施といっていいかと思います。

何となく、その人と一緒だと肩身がせまくなるような方もあるでしょう。そんな方は、まだ、父布施の資格がないのだといえます。

自分より目上の方に、お裾分《すそわ》けを頂きたいのですが……とおねだりする場合があります。もし不要の部分がありましたら、少しだけ私におあたえ下さいとおねだりするときに、お裾分けを――といいます。反対に、今度は目上の方へ、これこれの珍らしい物を頂きましたので、お裾分けにもって参りました、というのは大変、失礼にあたります。気をつけた方がよろしいかと思います。

むかしから、お坊さんたちがよく行脚《あんぎゃ》をされました。それは修行のためでもありますが勧進《かんじん》のための旅であったこともあります。修行僧だけではなく、山伏《やまぶし》などもこれをいたします。人の門に立って食の布施にあずかることは、これで今日の命がつなげたという感謝の心を身をもって知るところにも意味がありました。

勧進帳とか、道成寺の歌舞伎や舞踊は、この布施を頂きつつ行脚をした旅の物語として残っているのであります。

第八話　持戒（六波羅蜜の中）

生きているものを殺してはいけません。

ものを盗んではなりません。

邪淫《じゃいん》。道にはずれたあの道にはげまぬこと。

この三つが六波羅蜜の二番目、持戒になります。

自分で気づかないで蟻をふみつけても、殺生《せっしょう》をしたことになるのでしょうか。

タイ国では、仏の国ですからいまだに、殺生戒の国です。蚊が腕にとまっても、パチリとたたいたりしないで、それをやさしく追っぱらう道具があったりします。

蛇も殺せません。毒ある蛇にかまれても、駆け込んでゆく蛇病院があるお国です。

この持戒ができた時から、もう二千何百年がたちました。昔の持戒が、昔通りであるということがいまは申せないかも分かりません。では、どこまでが守るべき戒律でしょうか。

これは求道者（菩薩など）の行でありますが、求道者でなくても、私たちも道を求めるものとしてこれをやってみるというのは如何でしょうか。強いられるのは嫌でも人がやっていることは、ちょっと横どりしてやってみたくなるものであります。さて、命あるものを、殺すのでなく、

「息をころす」という言葉があります。

これは生きものを殺すのではないのですから戒を破ったことではなくとも、息をころすと聞いただけで、ぬきあし、さし足、良からぬたくらみを感じさせる悪事の匂いがいたしませんか。息を殺さねばならぬことはやるまいと、戒への一線をひくとしましょう。

次は「盗み」の戒でありますが、

「人の眼を盗む」

それとて人の目玉をくりぬくわけではありませんが、何のために人眼を盗むか……その姿に必ず良からぬたくらみにつながるように思えます。

息をころす、も、人眼を盗むも、どちらも、これに近よらぬことをもって戒といたしましょう。

第九話　忍辱《にんにく》（六波羅蜜の中）

忍辱《にんにく》とは「しのびがたきを忍《しの》ぶこと」であります。
人から恥ずかしめを受けて、
くやしいのに、にこにこしてみせたり、
悲しくても平然とよそおってみたり……。
それは忍辱ではありません。
自分をごまかしたり、
自分をいつわったりすることは、たとえ、がまんできても忍辱ではないのです。
耐えることが、心から身についた時、自分をいつわったり、ごまかしたりせずに生きる
人だという卒業証書をもらったといえます。

第十話　精進《しょうじん》（六波羅蜜の中）

精進は一人でできます。対象がなかったり、試験もないものですから、楽であるということはかえって困難なものです。それは、人間とは弱いものであるからです。

これを継続することはましてむつかしいことであるといえます。

これこれのことをいたします、と、神さまや仏さまに誓をたてたりしないで下さい。それが挫折《ざせつ》の母胎となります。無論自分にも誓をたてないで下さい。

そこでまず、「継続」の奥儀をさずけることにしましょう。

書道などたしなむべし、ということで日記をつけることからはじめましょうか。

かならず毎日つけます、と、きめても、つけられないことが人生にはきっと一度や二度はやってくるものなのです。

それは家族の入院であったり、自分の病気であったり、長い旅、悲運などなど、と。

そんな時は、つけられなかったところを平気で空白にしておいたらいいのです。何ヶ月でも……どうです、安心したでしょう。

何年もの歳月が過ぎ、いつの日か、日記を繰《く》ったとき、日記をつけられなかった空白を見つけます。あなたは、何を思うでしょう。

日記をつけられなかったこの空白。つけた以上に空白の重さ。そこにはそれこそ筆や口でいえなかった無言の人生がその空白なのです。

つけられない時はつけられないのだからつけなくていいのです。また、つけられる日から続けて下さい。「継続」とは毎日することでなく、いつまでも続けることです。

「継続」は力であります。

精進はきびしく、つらいことが精進だと思いちがいをしないで下さい。

いたずらに、自分をいじめ、傷めることだけが精進だと思いちがいをする人があります。

どんな人でも、ひき続きはげむ時、そのながい年月のうちにはかならず花が咲き、実もなるものであります。といわれたからといって、遠まわりを避け、わざわざ感動のない惰性の道をゆかないように。

第十一話　禅定《ぜんじょう》（六波羅蜜の中）

大きな樹になりました。
椿の樹です。
この春も蕾《つぼみ》がふくらみました。
いま開いた一輪。
椿の花は、花ごとぽとりと落ちるので、
これを嫌う人があります。
でも花は、何も考えてはいません。
樹は古く、
樹が奏《かな》でる余韻《よいん》に坐して
紅い椿が咲いています。
やさしく、静かに。

第十二話　智慧（六波羅蜜の中）

すべてありのままに受け入れる仏の心のはたらき。

今日、いま、仏の智慧を得る（悟《さと》りを開くこと）人があれば、千年して仏になる方もあります。

早い方がいい……。

遅れたから駄目《だめ》ということはありません。

競馬の馬ではございませんのです。

第十三話　五蘊《ごうん》（色蘊《しきうん》）

蘊

何だかむつかしい字です。日本では日常使うことがないような字です。

この字の意味は集合とか集積、集まりと考えて下さい。

宇宙、森羅万象は、五つの集合からできているということを求道者自在菩薩は修行の努力の結果でお分かりになったのです。

その第一番の「蘊」が、「色」であるということになっています。

「色」は、形あるもの……とか現象とか訳され、物質現象はまったくの直訳なので、何のことかむつかしくて理解しにくいむきには、さらりと「色」と思って下さればいいのです。で私一人が「色」です、というとお叱りを受けるでしょうか。

では、形あるものは、どうして形が見えるのでしょうか。

色がなく、まったく無色透明であれば形あるものが何も見えないことになります。

物質の形の一番表面の色、厚さもなく、薄さもないような表面の色を見て、形が分かるのだと思うのですが。

心経を訳された玄奘三蔵《げんじょうさんぞう》さまも物質現象などとむつかしいことはいわず、さらりと意訳で「色」と思われたように思います。

色だからうつろいます。人間も病になると顔の色が悪くなって病気であることが分かります。

五蘊の中、この色だけが形象一般で、あとの四蘊は精神界です。

後の四蘊は受想行識《じゆそうぎようしき》の四蘊であります。

色蘊の中には五根というのがあるのです。

五根とは、眼、耳、鼻、舌、身であり、また、

色蘊の中にはいま一つ五境があるのです。

五境とは、色、声、香、味、觸《しよく》となっています。

これらのものがどのようにして発展してゆくのかというところへ進んでゆきましょう。

第十四話　目が見つけます……受蘊《じゅうん》

蜂が飛んできました。

蜂は花にとまりました。

花の中にもぐってゆきます。

お日さまが、七つの光を降らしている中で蜂はすぐに花を見捨てて隣の花にもぐりました。花芯にもぐってはまた次の花へと移ります。

蜂は休む暇なく次々と花から花へ。気が多いのでしょうか。

もぐった花の蜜が思うほどなかったからです。

お日さまはもっとたくさんの光を降らします。蜂は今度は花にもぐってなかなか花の芯から出てきません。きっと蜜がたくさんあったのでしょう。この蜂の様子を見ているのは眼です。五根《ごこん》の中の眼がこれを見て蜂であることを知ります。

眼は伝えました。

何と伝えましたか。
誰に伝えましたか。
心はちゃんと受けとりました。
花は、紫の花大根で、翅ある虫は蜂です、と。
これが「受」であります。受想行識の四つの蘊の中の「受蘊」であります。
こう書くとたいそう「受」というのは暇が、かかるようですね。
私たちが、日頃何げなく行動していることは文章で書くとこのようになるのです。
私たちだけでなく蜂も生きています。
蜂の眼が色を見て、花が咲いているよ、と伝えます。蜂の「受」です。
蜂はさっそく花にもぐりました。
受蘊は何でもない、
あたりまえのことが、ごく自然に何でもなく瞬間に発展してゆきます。
次の「想」、「行」に移りましょう。

第十五話　声を聞きました……想蘊行蘊《そううんぎょううん》

会場は人でいっぱいです。
人いきれと心のたかぶりで、人たちの波は場内にゆれています。
舞台では白い服に白いスカートをはいた女性が二十人ほど並んでいます。
みんな口を開いています。
開いた口から唄声が流れています。
合唱曲は何でしょう。
耳が声を聞きました。五根（眼耳鼻舌身）の中の耳が声を聞いたのです。
曲は「流浪の民だよ」と伝えました。
心はこれを聞いて、いよいよ、いそいそとしました。
受想行識の「受」でありました。
そして想いました。

何を?

「私も、コーラスに入ろう」と、心はそうきめました。

受想行識の「想」であります。

舞台に幕がおりました。

廊下の隅に合唱団員募集のちらしがつんであります。

足は心のおもむくままに、申込書を取りに、少し急ぎ足で申込書を頂きに歩いてゆきます。

受想行識の「行」であります。

申込書を受けとったあと「想」は次々と想いを展開させてゆきます。

自分にも、あのように唄えるかしら……。

お友だちもできるにちがいない。その中には、男性の友人もあるにちがいない……高原に雲が満ちて散るように想像はふくれてゆきます。

それらを受想行識の「識」がまとめてゆきます。

第十六話　識《しき》

入学試験にすべった人！
平気な顔を、わざとする人がいるものです。
そんな人は、いつまでたってもすばらしい幸運に逃げられる人です。
なやみ、
悲しみ、
いらだち……、
それでいいのです。
先生が良くなかったのだ、とか、
塾が、充分見てくれなかったから、とか、
人のせいにしないで下さい。
人のせいにしたってどうにもならないのです。

すべったのはあなたですからね。

そうだ。一年浪人すればいいのだ。

そうだそうだと思いつくには、多少、暇がかかるかも……、

十年先、

もっと、もっと先に、

不合格はきっとあなたに幸せをもたらすでしょう。

ああ、あの時、浪人をしておいて良かったな……。

そう思える日のために、あなたは不合格になることにきまっていたのですから。

それが「識」というものです。

「識」は、精神が、対象を認識できる作用であります。

第十七話　皆《かい》

心が見ます。
心が見た、その見た存在の、
すべてを申します。
それはただ一つではなく、
たくさんでもなく、
心が、見た、すべて、それが全部。

第十八話　度一切苦厄

苦悩を、
済度すること。
そのもとになるものはすべて自分。
自分がすべての原因であることを、
自分が知ること。
それは、因と果の必然。
このことは、もっと、ゆっくりとあとで。

第十九話　空《くう》の鍵

「空」という大切の一字を箱にしまったのを思い出して下さい。

さあ、箱の蓋を開いて「空」を出しましょう。

え？　箱は何の箱ですかって？　ほら、さっき「空」をしまったあの箱です。

忘れた人は第五話を読んで下さい。

その箱に銀の鍵をかけたでしょう。

あなたはこんなことを知っていますか。

「いま、手もと不如意《ふによい》です。お借りしたものは一時、棚あげして頂けませんでしょうか。

いえ、ほんの少しの間です」

何のことかお分かりになりますか。借金が返せないから、待って下さいということです。

それを、棚あげしたいというのです。

さあ、棚あげの棚はどんな棚ですか。

その棚の何段目の棚にあげたのですか。

そこに棚がないといって、うろうろしないで下さい。棚なんて、はじめからないのですから、いくらきょろきょろしてもないのです。棚なんぞなくても、ちゃんと棚あげしてもらったでしょう。その棚のことです。

「空」を入れた箱もおなじような箱です。まして銀の鍵など探しても見つかりません。そんなことをいっていては、「心経」は分かるはずはないのです。そんな方には「空」は永久に遠いかなたであります。

「空」が分かるための一つの鍵。それがあの例の銀の鍵です。鍵に名前をつけて呼ぶならばそれは「因縁《いんねん》」といわれるものであります。

心経はすばらしいただ一つの真実であります。けれども、真実を信じて頂くことは大変むつかしいことなのです。

世の中では真実よりも、最も真実に近い嘘《うそ》が信じられるというのは、どうしたことでありましょうか。

第二十話　一つの因《いん》から

ある日、といってもそれは霜柱も立たないほどの寒い朝でありました。

ふと、私は、つぶやきました。

「大般若経を、写してみたいな」

つぶやきは、心の、ずっと深いところから小さい声になって出てきたのです。

大般若経を写してみたいな。という心で、立ちあがった私は、もう、大般若経を写そうという心で立ちあがっていました。

そうです、霜柱《しもばしら》も立たないほど寒い朝のことでありました。

大般若経への思いは、胸を去来することなく、ずっと以前から思っていた思いのように、まっすぐに実行へと移ってゆきました。

大般若経は、お経の中で一番長い経文だということ位は知っていました。でも、一度も全部を聞いたことはありません。大般若経は、全部で六百巻あるということも知っていました。でも、どこででも六百巻を見たことがありません。

それだからといって躊躇《ちゅうちょ》することなく、私はもう、いますぐ、それをはじめることにきめていたのです。いつからでも写すつもりになっていても、まず、書体からきめなくてはなりません。何はともあれ、私はいろいろの書体で写しはじめました。なぜ、書体から考えるのかと申しますと、まあ、考えてもみて下さい。一巻から六百巻まで写し得たとしても、一巻目と六百巻目の書体が変わってはこまるのです。どんな下手でも何百万字も書いていますと、だんだん字が上手になります。一巻目と六百巻目が、おなじように読経が流れるように書きたいのです。できれば、薄墨で書きたいのです。

そこで、一つの書体で二千字くらい写してみました。またちがう書体で二千字位写してみました。これをくり返しているうちに早、一年が過ぎました。

やっと、私は、十万字くらい書いたころに書体をきめることができました。

そこで、いよいよ大般若経の書写がはじまろうとしています。寒い日にこのことを思いつき、一年たって、ちょうど、また霜柱の立つころに大般若経の因がはじまったのでした。

第二十一話　因と縁《えん》を結んでお見せします

いよいよ大般若経を写しだしました。

写しだしてみると、一つの巻には一万字のもあり、八千字前後で一巻というのもあります。

私の住んでいる里は山地で、東京より二度ほど寒い日があり、東京より暖かい日もあります。霜柱の立つころより写しだしたあるときは、硯の水が凍ったりしたこともあります。そんな夜は筆もはこびが悪く、ちぢんだりかすれたりします。自分の字を、後日眺めてみて恥ずかしいなと思ったりするのですが、書きなおしたりせずにありのままで次へ進むことにします。

人にお見せするために写しているのではないので、後世、人に見られたら、見たその方は何といわれるでしょうか。もしも仏さまであったら、ああ、あの時の硯の水の凍ったしるしがのこしてあるなと微笑まれるかもしれません。

こんなことを思う間に春がきます。

六百巻ですから、春がきても書いても書いてもまだまだです。

一年経っても大般若は長い長いお経です。五年、六年、七年と過ぎました。

大般若経はやっと百巻になりました。いまだ百巻というところです。いたずらに巻数ばかり重ねても何にもなりません。生きている間に六百巻を写しおわろうなどと思って写しはじめたのではないのです。写しおわるために写すのでなく、毎日これを写すという一事が楽しくありがたいことだと思います。だからといって、なまけながらというのではないのです。これでも一所懸命に写させて頂きます。

私がきめた書体というのが私は大そう気にいっているのです。一巻目と二百巻近いこのごろがおなじで、少しも上手にならず、ちっとも手がおちているというのでもなく……。

筆は、まっすぐにたて、肘をあげて書きます。筆の先に近いところを軽くもって書きます。

私は顔真卿《がんしんけい》の書が好きでした。筆をたてて書くのも、肘をつかないのも顔派の影響であるらしいと自分で思っています。

そんな、時、私は本を書くことを頼まれました。

『心経百話』……この本です。

その時に私は、大般若経を写していることが、この縁をつくってくれたのだと思いました。大般若経を写しだした小さい一つの因が、この縁になったというと、いいえそれは無関係のこと、あなたが大般若経を写しだしたのは偶然で、心経を書くのも偶然ですよ、という人があるにちがいありません。

偶然ということは一つもないのです。そう本人が思っても、それは必然であると私は思っています。

第一に顔真卿という方がいて下さったので心経の書体を考えつきました。顔真卿が居て頂くためには唐（中国）というお国が必要でした。

唐から天竺（インド）へ三蔵法師さまがゆかれました。ここで唐だけでなく、天竺というお国がなかったらこまるのです。

弘法大師が日本から長安へゆかれました。ここで唐や天竺だけでなく日本というお国もなくてはならなかったのです。

これらの国々が存在するためには、地球というものがあったのです。

出版社というものがあったので、そのなかにこの本の東方出版も位《くらい》しました。

これだけではありません。この他に、数えきれない因がたくさんあるのです。

これらのたくさんの「因」が集まって、私が、心経を書かせて頂く縁が結ばれたわけです。

この中の、どの一つが欠けてもこの縁にはつながらなかったはずであります。

この、必然を「因縁」と申します。

第二十二話　舎利子《しやりし》

子の字がついているので女の子の名前だと思わないで下さい。

釈迦の弟子のすぐれた十人の中の一人で、智慧第一といわれた方です。

舎利子《こ》でなく、舎利子《し》、と読んで頂きましょう。十人の中のいま一人のすぐれた弟子に、目連という方があります。この方は、神通《じんつう》力第一といわれ、この二人は良き友であり、良き敵（競争相手）であったと思えます。

十人の弟子を代表するこの二人は、はじめはバラモンの教義に心酔していましたが、否定のための否定にかたむいた哲学説に満足せず、これではないと本当の師を求めて歩き続けます。

「いっさいの法は、因縁《いんねん》から生じる。その因縁を説きたもうは如来」と語って聞かせた釈尊《しやくそん》の弟子の一人との縁で目連尊者《もくれんそんじや》とともに仏弟子になったお方で、舎利弗《しやりほつ》と呼んでも、同じ舎利子のことであります。

釈尊も、太子の座をふりきって、はじめはバラモンの修行者として苦行《くぎょう》をなさったのであります。苦行の果て、骨と皮になるまで徹せられ、いやいや、これではない。いたずらに身をいためることは解脱《げだつ》への道ではない……との心が開け、六年間の苦行を中止されるのでありました。

仲間とともに苦行の六年に別れ、釈尊一人の道が、やがて菩提樹下の成道につながってゆくのであります。釈尊が説法される時は、説かれる内容に応じて誰か一人が選ばれ、その選ばれた一人の名を呼びつつ説かれるのでありました。

心経は、おわりまで、舎利子よ、と呼ばれるその一人は、一人でなく、すべての衆生《しゅじょう》への呼びかけであるのです。

同時に、その一人は、あなたであるということもお分かりになるでしょうか。

舎利子よ、と呼びかけられたここから、心経は、あなたのために説かれているのでありますす。

あなたが、それを受けるか、否《いな》かは、まったくあなたの自由でありますが。

第二十三話　色《しき》不《ふ》異《い》空《くう》……空《くう》不《ふ》異《い》色《しき》

例えば……。

ここに一冊の本があります。

本は、姿あるものですから「色《しき》」の中の一つです。

そこで、本は（というより、すべてが空なのですから本も、というべきですか）空に異ならずというのですが、本がここにあるのにどうして空に異ならず、なのでしょうか。それならば本とは一体なんでしょう。

本は、印刷されたものです。では印刷したものが本ですか。

いえいえ、印刷が本ではなく、印刷されたものをちゃんと装丁《そうてい》したものが本です。

それでは、印刷して装丁したものが本なのですね。いやいや、それだけでは本になりません。その本を書いた著者がなくては本はできません。

だからといって著者が本ではありません、本にする紙がないと本はつくれません。

活字をひらう人も入用です。印刷の機械がないと本はできません。

こう書いてくると本とは、いくつもの因のより集まりによって縁が結ばれて本ができるので、これを本には自性《じしょう》なし、と申します。

あなたも、私も、すべて目に見えるものは自性なし……「空」に異ならず、というのが色不異空でありました。

空不異色は、色不異空を逆に書いたのですが、ここで反復して、すべてが空なのですから、悪平等の考えにおちいらぬように本体の平等を説いてあるといえます。

すべてのものは、実体がなく、因が結果に移る間の現象界の姿であって、一つ一つはみな個々の姿でありますが、個々はそれぞれに空であって、何の差別もないということになります。

色はこれまでに何回か説きました。空も少しはのべましたが、心経のすべてをつらぬいて大切な空ですから、説き続けてゆくことになるでしょう。

第二十四話　差別あって平等

差別は平等におなじという道理《どうり》を語るとしましょう。

一度先に申しましたが、不異とは、異ならず、ということをやさしくいうと平等とは差別のあること、というのです。

やさしくいうとかえってむつかしくなりましたかしら。

それならば、別の角度から眺めて見るとしましょう。

あなたの体、あなた御自身の体で話すことにします。

一番上には頭があります。

一番下には足であります。

そこで、です。頭は顔もついているし頭脳といって、ものを考えたり判断したりいたしますから立派です。

足は、汚いところへでもどんどん入ってゆくので下等なものと思いますか？

手は如何ですか。

右手は字を書いたり頭を掻いたりします。おおむね右手でいたしますが、左ききというのもあります。

右手が字を書いている時、左手が、いっしょに字を書きはいたしません、あまり活躍しないで右手が働いている時も、そっとひかえているだけです。

だから、右手は、いばっていますか?

口は、お話をします。食べ物も口から入れます。

お尻は、食べた物を排泄いたしますので不潔だと、口はお尻にむかってさげすむでしょうか。

お尻が不潔なら、上も下も口だったらどうなるでしょう。

食べることは楽しみであり、我々は食わんがために働くというほど大切ですが、出口は入口と同じように大切な大切なものであります。

私たちは、忙しいからといって手ばかり多くても何にもなりませんし、歩くのは健康のもと、といってもむかでのように百本もあったらこまるでしょう。

体は、あなたも私もそれぞれ左右はあっても、二つおなじものがないのです。そのように差別があるようですが、その一つ一つは平等に大切なのです。

お風呂に入るときはどうでしょう。顔や胸は先に入れて、おしまいに足やお尻を入浴させる人は一人もいません。みんな一緒にお湯につかって、ああいいお湯だと楽しいばかりですね。

差別があって、初めて平等がなりたつわけであります。

人間の体だけでなく、学校や会社もみな校長や社長になりたがって、社長や校長ばかりでは何ともなりません。

校長や、先生や生徒。

社長や社員や用務員さん。

お日さまも、みんなに平等にふりそそいで下さるのです。

平等というと、みんなおなじようように、が平等だと思っている人もあるようです。

おなじに働いておなじにお金をもらう。お酒もおなじだけ各々頂く……ある人は一リットルづつもらって足りない顔をしているし、奈良漬で酔っぱらう人は、一リットルも飲めばひっくりかえってしまいます。そういうお国があっても、一見、立派なようで、すばらしいバランスとはいえないようであります。

第二十五話　嫌《きら》いは好きのはじめか

誰にもある嫌いなもの。

なぜ嫌いなのか、まったく理由なく嫌いなもの……それは生まれた時のあの、臍《へそ》の緒《お》を土に埋めた習慣が民間にあったころ、その臍の緒を埋めた土の上を一番先に通り過ぎたもの。それが一番嫌いで恐ろしくもあるのだと、いい伝えられていました。

だから蜘蛛《くも》を嫌いな人は、一番に通ったものは蜘蛛、みみずの嫌な人は、やはり、臍の緒の上を一番に通っていったものがみみずであると……。

私は形のあるものでなく、とても嫌いなものが一つありました。むかしのむかし、私の幼い日のことでありました。私は嫌なことを聞いたのです。

それは、

ハンニャ、ハラミタ、でありました。

何故、どうして?

あなたも、どうぞ何度も大きい声でいってみて下さい。

ハンニャ、ハラミタ、と。

どうですか、楽しいですか、嬉《うれ》しいですか、気分がいいですか。

なぜ私がこれを聞いた時、どうして嫌いであったかは覚えてもいませんが、とにもかくにも、何だか、きたなくて、厚かましくて、何という嫌なものだろう……と思ったのがはじめで、これをきく機会はたび重なったわけです。嫌と思いはじめるとますます嫌いで、嫌いときまるとこれに出逢うことさえも恐ろしいと思ったのは、私が、三歳や四歳であったからかもしれません。

少し私が年を重ねたころ、といってもまだ七つか八つでした。

何という意味であるかを聞いても、誰もこの意味を私に聞かせてくれる人はなかったのです。

ハンニャ、ハラミタに悩まされつつ、私はある時、何のきっかけかこのハンニャ、ハラミタはインドのお経であって、それはそれはありがたいお経で、言語はサンスクリットというのだということを知ったのは、もう、私が大人に近いころでありました。

まず、これが日本語でないということを知っただけでも私には救いでありましたが、サンスクリットという耳あたらしいこれは、どんな言語であろうかと、大そう興味をひかれたことでした。

興味を持つことにおいてサンスクリットは私の身近なものとなり、私の意図《いと》しないところでサンスクリットに触れる機会に恵まれたりもしました。ハラミタ、この嫌な言葉は、サンスクリットでは、パーラミターというのだということを知った時はびっくりして飛びあがりました。あの、嫌なハラミタは、何とパーラミターだと分かって、何度も、パーラミターといいながら走りまわったことでした。

ハラミタ、どうしてこれがあんなに嫌だったのでしょう。ハラミタ、腹膜《ふくまく》をわずらっている病人のようだと思ったり、女の人が、お腹に子供ができた姿を思ってみたり……パーラミターが気に入ると、嫌だったハラミタも、もう嫌でなくなり、ありがたいお経だと聞くとなおさら親しみを覚え、やがては波羅蜜多の文字さえ好きになったりして、人間というのは身勝手なものですね。

中国でパーラミターを音で聞いて、それにあてはまる字として波羅蜜多をあてはめ、さらに、それを日本人が、日本読みにしたのでハラミタになったのだというわけでありました。

第二十六話　サンスクリットの心経

ハラミタがパーラミターだと知ると今度は般若心経をサンスクリットで唱《とな》えてみたいという心がおこったりしましたが、さてそう思ってもサンスクリットの先生はそこいらにはいらっしゃらないし、そうだ、インドにいこうと思って何年が過ぎたでしょうか。

私と、サンスクリットの因縁は、はじめて大嫌いな心経からはじまって、般若心経のもとであるといわれる大般若経六百巻の写経に取りかかったり、マハバーラタの中のナラクヒヤアナム『ナラ王物語』の全訳に取りくんで、その全訳が日本初訳、また初出版となって、序文を賜った中村元先生とのおつきあいに発展したり、これらの結果は、一つ一つの因となるものが織りなす帯のようにも思えます。『ナラ王物語』の出版記念会には塾生たちも出席してくれ、中村元先生たちと食事をしたり、いっしょに写真をとらせて頂いたり、中村先生もこの日には約半日をかけてみなと楽しんで下さいました。記念会は、私のけいこ場になっている国際文化会館で催され、式のはじめに、中村先生と、在アメリカの藤谷《ふじたに》正躬《まさみ》氏と私の三人はサンスクリットを聞いたことのない当日の参加のみなさんのために二章ずつをわけて朗読いたしました。

藤谷正躬氏は、英訳からの日本訳でなく、本当のサンスクリットからの荒訳をひき受けて下った方で、私が心経をサンスクリットで唱えたいと申し出て、あちらこちらとしらべて、もっとも原型に近いサンスクリットの心経を探して下さった方です。

その中に、塾生が、自分たちも心経をサンスクリットで唱えたい……などといい出しますので、それではということになりました。何しろ耳なれない言語なので、みんなは、戸惑いながら、勇んでやる気充分でありました。それをやりたいとみなが願ったもとは、出版記念会（於国際文化会館）で中村元先生と藤谷正躬氏と、私の三人でサンスクリットの朗読を聞いた感激の影響でありましょう。それほどサンスクリットは美しい言語であります。

いよいよ、アーリヤバロキテシュバロ……とはじめてみますと、一人の年長の塾生が、アーリヤバロキテシュバロと、唱えたのでみんなはびっくりして、え？　もう早覚えたの？　と聞きますと彼女はこっくり。

「もう一度、いってみて」というと、しっかりした声で、アーリヤバロキテシュバロと再び唱えたことです。ほめますと、

「いいえ、いいえ　おほめにあずかることではございません。本当は覚えたのではなく、私の耳に、あーりゃ襤《ぼ》褸《ろ》着て坐ろ、と聞こえたものですから、ちょっと聞いて頂いたまでです」なるほどと、みなみな感心して、

アーリヤバロキテシュバロ。

あーりゃ襤褸着て坐ろ。

ほとほと恐れ入りました。次はどのようになりますかと聞くと、次は、もう、とてもこのようにはうまくゆきませんというので、またみんな大笑いをしました。

とても和やかな、塾のある日の風景でありました。それは涼しい、秋のおわりのことでもありました。ひぐらしがないて秋といっしょに暮れてゆきました。

第二十七話　心経と着物

旅をする時、それが日本でなく、外国でも、全員、私たちは着物です。

「旅の恥はかき捨て」の旅人でなく私たちは旅人としてよりは、日本人として外地へおもむくわけでであります。

着物はゆく先々で喜ばれ、

「キモノ」と日本語で珍らしげに声をかけられます。

洋服を着てゆきますと、ゆく先々で、

中国人か？　と聞かれたり、アーユーコリアといわれます。私たちだって外地では、日本人と中国人と朝鮮人の区別がつかないことはしばしばですが……。

「あらどうしてお着物」

日本人からあまり好意的でない目つきでじろりと見られて、こう聞かれます。

くどくどという気もなく、日本人だから、日本の着物を着てゆくまでのことで、何故、着物を着て旅行して悪いのか返事にこまることは度々です。

外国に出ますと、どの国でも着物姿は大歓迎で、大歓迎を受けて拍手を得ようとして着物でゆくわけではありませんが、どうも、着物がいいようです。

「え？　着物、着てゆくのですか」

塾生をはじめ参加者は、はじめは何かと障害があるようですが、とまどいつつも、私の計画の旅が評判がいいので、競って御参加なさいますようです。ここで、心経とは関係はないのですが、ちょっと、日本人として一言申してみたい気もおこります。その理由は、洋服より楽であること。わざわざ美容院へいってたくさんお金を出して、窮屈《きゅうくつ》に、まるで身動きできないような着方でなく、私の考えた、楽な、美しい、着くずれのしない着方をおけいこいたします。

長く飛行機に乗ると、靴が、少々きつくなり、苦しい思いをしますが、着物は楽で、草履をはいて悠々と飛行機を降ります。

食事の時も、ゆったりと帯をしめますのであたりを見、バンドをゆるめたりしなくていいということもあります。

第一番にいいことは、外国へ出ますと、ヨーロッパでも南米でも、無論アメリカだって、あちらの女性はたいそう足が長く、背をまっすぐにして一線の上を歩くのはすばらしい姿です。

日本人は、足が短く、少し、歩行は両足が開きめなので洋服ではやや日本人は見おとりがします。まして、ちゃんとした洋服を、きっちり身につけて着て下さるといいのですが、日本の女性（とくに年配者）は洋服といっても、まあ、洋フクでなく洋フクロに近いものをお洋服だと思っていられるのもちょっと残念な気がします。時に外地で、天皇誕生日などにゆきあいますと、大使館からお招きを受けることが度々あります。（私の、日頃の生活の関係上、お招きを受けるのですが）当日私たちは着物です。各国の大使御夫妻も見えますが、御婦人方は民族衣裳です。大使館の館員の奥さまたちもお着物です。こんな時、短い足で、洋フクロよりは着物はとてもすばらしいと、日本人の私さえ、そう思うのですが、各国のみなさんにも大変喜ばれるわけであります。

話が、とんでもないところへ飛びましたがインドで、インドのお坊さまから声をかけられた話をしましょう。私たちが着物姿であったので、日本は仏教国でありますので日本人として声をかけて下さったのでしょう。

むかしは日本の国教は仏教でもいまは宗教が自由の国ですから、キリスト教の人も多いし、新しく興った宗教に参ずる人も多いのです。

仏陀は無論お釈迦さまであります。

お釈迦さまが平等（カースト制を改めて）を仰せになりました。人間だけでなく、生けるものはみんな、誰でも、虫けらにいたるまで、成仏できるとおっしゃいましたので、インドの多くの人々が仏教に帰依しました。

歴史の話をすると長くなりますので、手短かに話しますと、その仏教はヒンズー教に押されてインドで一応仏教は、いまはなくなったといってもいい状態となりました。

ここに、アンベードカル（一八九一〜一九五六）という聖者がいらっしゃいまして、ヒンズー教徒を仏教に改宗させる運動をおこされ、その大勢の弟子たちがこれに参加いたしまして、聖者がなくなってからも弟子たちはこの運動を続け、現在（平成四年）では改宗された仏教徒は多分数千万人を越えているはずであります。私たちに声をかけて下さった若いお坊さんは、自分は仏教徒だといわれたので、私はひどくびっくりし、また感動してアンベードカルの話を聞かせて頂きました。

その仏教徒のお坊さまは、日本が仏教国であり、着物を着ている私たちを日本人と知ってぜひ、私たちに心経を供養しにきてもらいたいと申し出られたのでありました。

夕方、観光客が引きあげたあと、私はそのお坊さんと、アジャンターの修行のための石窟寺院で心経を聞かせて頂きました。声は石窟寺院の石の天井にひびいて、むかし、仏教が盛んであったころの天地の間に坐らせて頂いているような心でお経……その心経に聞き入りました。お経はサンスクリットでなく、パーリ語でありました。私たちはサンスクリットで心経をあげました。

ここでも、着物と日本人。

インドのお釈迦さまと仏教国日本。着物のとりもつ御縁がここで結ばれたのです。

第二十八話　源氏物語とおなじ因果の話

私はいつも、大みそかに日本を出発いたします。ボンベイで一泊する暇もなく夜明け前に飛行機に乗ってアウランガバードへと飛ぶのが何度か私のプランの旅でありました。機内に、うすあかりが差して、東の空は少しずつ明けそめます。

一月元旦の太陽が、いまさし昇るのです。デカン高原に昇る太陽を拝むことは、壮麗の極みであります。

デカン高原のアウランガバードという都はむかし、武将アウラングゼーブがつくった都で人々はアウラングゼーブの名をとって、ここをアウランガバードと呼び馴らしてきました。アウラングゼーブは、シャハ・ジャハンという王様の三男坊として生まれました。人々はこの武将を、情けを知らぬ強いばかりの男と評しますが、私はアウラングゼーブも、デカン高原も一月元旦の太陽も大好きです。

この勇ましい武将の父が、あの、タージ・マハールをつくったシャハ・ジャハンであります。シャハ・ジャハンは、三男で、長男でないと王位は継承できないのを知りつつ、兄たちをおしのけ強引に王位についた王様であります。二十歳そこそこの美妃と、手に入れた王位とはこのシャハ・ジャハンの最高の人生の座でありましたが、若い伴侶タージーは蕾が開いたところで死出の旅に出るのです。シャハ・ジャハンは、悲しみに沈み、ここに世界一の廟《おはか》をつくることをはじめます。

世界中から、絵かきや、技術者、またはすばらしい材料をはこばせ着々と工事は進んでゆきますが、そのために国は日毎、王の浪費のためにやせてゆくばかりです。

ここで第三男の武勇者、アウラングゼーブは、国を救うために父を幽閉し、みずからはデカン高原で壮絶なヒンズー教とイスラム教の戦を勝利にみちびくわけです。

シャハ・ジャハンが、三男でありつつ、強引に王位についたとおなじように、自分の子供の三男は、自分を塔におとしめて、三男でありつつ王位につくのであります。

まあ、分かりやすくいえば、因果はめぐるというのはこのことであり、日本の『源氏物語』の「柏木の巻」もおなじ因と果の物語といえるでしょう。

アウラングゼーブ帝は、良く戦い、戦いをくりかえすうち、父帝のシャハ・ジャハンは塔の中にひっそりと命をながらえ、タージ・マハールのできあがりを見て、かなり長生きをしたようであります。

国をつぶすまでに亡き妃の廟に生命をかけた王は、国民に貧しい生活を強いたことは悪政であったとしても、タージ・マハールはいま、世界の人々への華麗の贈り物をしたともいえるのであります。

アウラングゼーブは、年を重ねて、筒井筒《つついづつ》の妻を失います。この強い王は、妻をうしなった悲しみを通して、はじめて父王、シャハ・ジャハンに心をよせたのであります。

アウラングゼーブも、妻の廟をつくりますが、それは小さい規模の質素な廟でありました。それでも、自分が妻の廟をつくったことを国民に申しわけなく思い、自分が死んだならば、どうか小さい墓をつくること。そして寺の隅に、天井のない墓であるようにと遺言をするのです。

私は、ひと日、アウラングゼーブの墓に詣でました。

青く澄みわたった空の下に、屋根もない小さい墓。

一人とて詣でる人の影もない石の墓。

そこに立て札があります。

「どうぞ、あわれな墓守にお恵みを」

と書かれていました。

目をあげると、私の前に一人の骨ばかり目立つ老人が、腰をかがめて立っていました。なにがしの銭を差し出すと老人は、墓石にまつわって咲く紫の花を摘んで、私に差し出しました。私は墓のてっぺんに紫の花をのせて、しばらくは生きてゆく人間の悲しみを思わずにはいられませんでした。目をあげると、白い、昼の月が淡く浮いていました。

塾生たちは私の話を聞いて、ぜひ、自分たちもお詣りをしたいと申しでましたので、その時のインドの旅もいつものようにアウラングゼーブのお墓にお詣りをいたしました。

いつお詣りをしても、アウラングゼーブの墓の上には青い空がありました。

そして、腰のまがった老人、鉛筆のような細い足の墓守を全員でなぐさめました。

第二十九話　仏教のゆくえ

アンベードカルの仏教と、あのお釈迦さまの仏教とは多少のちがいがあるようです。

それならば、

日本の仏教と、インドのお釈迦さまの仏教とも、大変、大変ちがうのです。

同じ仏教でも、中国の密教と、弘法大師《こうぼうだいし》が日本へもってこられた密教ともおのずからのちがいがあります。ちがいはあっても、アンベードカルの一派がヒンズー教徒を再び仏教徒に改宗させた運動は、お釈迦さまをインドへおもどり願ったのですからありがたいです。

ヒンズー教には、これという教祖というものがなく、シヴァという破壊と創造を司どる神さまが三つの顔を持って、ヒマラヤから降りてこられた時から、ヒンズー教がはじまります。

三つの顔のあとの二つは豊穣《ほうじょう》を荷うビシュヌと、破壊のブラフマ、この三つの顔でありました。

ビシュヌ神さまは、何体にも変化なさいます。ある時は猿になったり、小さい虫にもなり、歴史の上の人物にも生まれ変わられます。

大叙事詩のラーマヤナのラーマ王子も、ビシュヌの生まれ代わりであるとされています。

一番大事なことは……。

お釈迦《しゃか》さまは、実は、ビシュヌの変化でありますといいだしたことでありました。

お釈迦さまを拝むのも、ビシュヌに礼拝するのも本当は一つの神さまですというのです。

お釈迦さまは、禁欲生活を強いられます。

ヒンズー教は死者とのセックスも行事の中に加えられ、享楽をきわめて、やがて、そのむなしさを知れということであります。

お釈迦さまは、英雄崇拝や奇跡《きせき》をおみとめになりません。

怠惰《たいだ》生活を奨励するに似たヒンズーと窮屈《きゅうくつ》なお釈迦さまとでは、民衆はどちらを拝んでもおなじことならヒンズー教の流れに変えてゆこうということになってしまったのでしょうか。

第三十話　心経への頌《じゅ》

心経は、
そんなにむつかしいお経ではないのです。
どのお経よりも短いのですから。
とはいっても、
心経はどのお経よりも一番短いお経でありますが、
心経を分かるには、
どのお経よりも長くかかるのではないでしょうか。
心経は死者へのためのお経ではないのです。
私たちが生きぬいてゆくことへの人生航路の道案内であります。

第三十一話　是

思うようにいかないからといって、
くやしがったりしないで。
えらい人が、たとえ、あきらめろといってくれても、
あきらめないで……だからといって執着しないで……、
人のせいにしないで……、
よく考えてみて、考えても、考えられなかったら、
よく眠って、よく食べて。
少しづつ変わってゆくあなたの心境……、
ああ、そうかと思ったら、その時から、
その道が、あなたの是であります。

第三十二話　諸法空相不生不滅《しょほうくうそうふしょうふうめつ》

舎利子よ、とここで舎利子の名前が呼ばれました。

是《ぜ》諸法空相《しょほうくうそう》……諸法は森羅万象その本質において空である状態にあることが分かったところで、お釈迦さまは、不生不滅……、と仰せになります。

例えば、左といえば右。

東といえば西という……、
まず、ここに一軒の家があります。

家の正面に向かってたってみる時、家の右側に一本の松の木があります。

家は、南向きにたっている家であります。

そうすると松の木は家の東にあることになります。

では松の木のたっているところが東ですか。まあ、ちょっと待って下さい。

松の木の右側に犬小屋があります。犬小屋から松の木を見ると、松の木のあるところは西であります。すると松の木のある方角は西でしょうか。

同じ松の木が、先は東、今度は西になりました。松の木は西にあるのでも東にあるのでもなく、東が滅したのでなく、新しく西に松の木が生えたわけでもありません。

永遠に東から太陽は昇ります。エネルギーに満ちて、燃えるように昇って、やがて永遠の西に沈みます。

でも、これらの東や西は永久の空であるのはもうお分かりですね。

美と醜、富と貧、二者の対立は仮の差別であります。真実の差別は平等であります。富者のそばに、もっと、もっと富者がくると、先の富者はもう富者ではなくなります。

善悪、悟り、迷い、みなおなじことです。

因と縁との道理を知り、深般若《しんはんにゃ》を行じて一切の本質を見たとき対立はなくなります。

小乗《しょうじょう》より大乗《だいじょう》へ……、

その境地を不生不滅と考えて下さい。

第三十三話　不垢不浄《ふうくふじょう》

まっ白の壁に黒い墨がつきました。
まあ汚したわね、と壁はいいました。
それでは、墨は汚れですか。
いいえ、いえ。
黒い塀に、白いペンキが……。
あら汚された私、と塀は怒りました。
白は、汚れですか。
どうしてどうして、白も黒もどちらも汚れではありません。
もともと　汚れなどないのです。
でもそれがそうなら、清浄《せいじょう》もないのです。
不垢不浄が、お分かりですか。

第三十四話　地球の皮（不増不減《ふぞうふげん》）

不増不滅にかかります。

二人の人が見えました。お二人は御夫婦です。二人は力を合せてすばらしいレストランを経営しておられます。

「家の、入口のところに……」

とその方たちは私に話されます。家の入口に小さい空地があります。その空地に、変なものを建てられるとこまるので、その土地を売ってほしいと交渉しました。何度かゆくうちに、その土地は、どんどん値段をつりあげてきます。どうしたら手に入るでしょうか。そのことで参りました。そこで私は申しました。

「今日、これから、帰りにそこへ寄って、もう、あの土地はいりません。お断りにきました」

とそういっていらっしゃい、と。その小さい空地だけが他の人の土地です。

二人はびっくりして、その土地をあきらめるのですかと聞き返されました。

「あきらめろといってはいません。もういらないと、断っていらっしゃい、といっているのです」と私。

つまり執着を捨てて下さったとみえて、安眠して頂けたことと思います。

でもその土地が手に入ることになったのです。持主がほしい土地が見つかって、その土地のためのお金で、例の入口の土地と交換しましょうということになり、格段に安く手に入ったという……めでたしめでたしでありました。

その方が、執着を断ったから手に入ったのではないのです。執着如何にかかわらずその土地は不増不減であります。その土地が、どうして手に入ったか？

入る因縁があったからであります。

因があった……その因は、因をつくった方の良き縁となる因によったわけです。自分の土地といったって、せいぜい地球の表面の薄い皮のことです。皮をはいで、持って逃げることもできないものですよ。自分の土地というものは。

第三十五話　十八界

是故空中　　　　　この故に空の中には
無色無受想行識　　色もなく受想行識もなし
無眼耳鼻舌身意　　眼耳鼻舌身意もなく
無色声香味触法　　色声香味触法も無し
無眼界乃至無意識界　眼界もなく、ないし意識界も無し

ここは、仏教の世界観をもって、いままでの五蘊《うん》とか眼耳鼻などを、いま一度念を入れて説い下され、それらも、みな空であると示したところであります。

それは同時に般若の智慧による一切皆空の境地であります。分からない人は、もう一度、前のところを読んでみて下さい。

これらは六根六處六識、計十八界といわれています。

第三十六話　無明《むみょう》（十二因縁の中）

十二因縁は無明よりはじまります。

無明とは迷《まよい》の根本となるもの。

「明」とは明るいこと。

明月といえば、明るい十五夜のこと。

過去、現在、未来と、この三つの中、無明は過去において智慧のないさまをいいます。

正しい智慧がないので、智慧の働きが暗い闇であります。

十二因縁の最初の「因」となる無智のことであります。

はっきりいうと、智のないことです。

智がないと、見るものが見えず、読めるものが読めず……そこで智慧は、もろもろの闇を照らす光であるといわれています。

第三十七話　行《ぎょう》(十二因縁の中)

十二因縁の二つ目には、無明が因となりまして、第二の「行」になります。「行業《ぎょうごう》」とか、行為とかのことで、無明から、さまざまのこまった行いをすることになるのです。

無明という因は智慧のないことで、目の見えないと同じ状態でありますから、人間でいえば盲目のものが、つまずいたり、ものを壊したりするのに、やや似ています。

過去世の無明から起った種々の行為が一つの原因となって、次の世、すなわち、この現世に生まれてくるのです。

過去世というと何だか、遠い、向こうの世界と思いがちですが、過去世でなくても、この世でも悪い因はやがて悪い結果となって現れるものです。悪い因とはすべて過去の無明の行為がおこしたものであるのです。行とは無明が原因でこの世に生まれるわけですが、行はまだ、母の胎内《たいない》にいる状態であります。

第三十八話　識《しき》（十二因縁の中）

無明が「行」をまねき、「行」の次には「識」で母の胎内ではじめて心識が母体に托生《たくしょう》する一つの刹那《せつな》のことであります。

この刹那というのは誰にも分からないところでありまして、母の胎内に宿ったものは卵子にすぎませんが、この十二因縁の第三によって心が入るその瞬間のことです。

植物の種でいいますと、朝顔の種を、いくら眺めていても芽が出てきませんが、これを土に埋めますと、ある刹那に朝顔に生命が入ります。この種に白い根が出て、種がわれて、朝顔の芽がのぞくのです。いつ、この種に念が入ったかというその刹那は誰にも分からないのです。

ただの一粒の卵子であったのが、過去世の因によって母の胎内に宿り、ある刹那に命あるものとしての生活がはじまるのです。すべて生けるものは平等であるとお釈迦さまが仰せになった通りです。

第三十九話　名色、六入（十二因縁の中）

子供が宿って、四ヶ月もたったころ、その子供に生命が入って、肉体もできましたが、次には「六入」といって眼耳鼻舌身がととのってゆきます。これを「色」といい、心を「意」といいまして、ここで魂も入ったわけです。

これらがととのうと、子供は人間として、この世に生まれてきます。

目はあっても、まだ開いてはいません。耳はそなわっていても多分聞こえないはずです。鼻や、口は、生まれたときには、すでに呼吸をしています。

舌は、まだものはいえませんがどうしたわけか、教わらずにお母さんの乳を吸うことをちゃんと知っているのです。人間とはえらいものだと思いますか。これは人間だけでなく、犬も猫も知っているのです。

習わずにお母さんのお乳を吸うことも、呼吸をすることも、声をたてて泣くことだってできるのです。

第四十話　触《そく》（十二因縁の中）

第六番目は「触」。六根が外境に触れることをいいます。生まれて、三年、あるいは四年過ぎるそのころまでの様《さま》をいいます。目は、もう開いて、母と、他人とを識別します。赤い色や、白い色を見わけることができますが、黄色が一番はじめに見える色です。鼻の穴は風が吹くとその冷気を吸います。寒い時はくしゃみをして反応を示します。口は、ものをいい、舌は食物の味を知ります。人間だけでなく、植物も太陽のあたる方へ向かい、天を指して伸びてゆきます。ひっぱったり伸ばしたりしないのに、生きるものはこうして成長してゆくのです。心も次第に力を深めてゆきます。自分の意思が目覚めてことごとに興味を示します。意にそわないことがあると厳然と拒否するようになるのもこのころです。

第四十一話　受《じゅ》（十二因縁の中）

生まれた人間はまだ子供です。
六、七歳ころになりますと、「苦」や「楽」を知り、わきまえ、自分と母以外の区別もちゃんと分かるようになります。
少しずつですが、自分というものに目をむけるようになります。これは、驚くべきなりゆきであります。

このころには目や耳など（六根）が外境によってこれを受け、想いに発展してゆくのもこのころで、これを「受」といいます。

何が苦しいか。嫌なことは何か。どうしてそれをのがれるか。

何が楽しいか、どうしたら、その楽しいことを得られるか……なども考えるようになるのです。

第四十二話　愛《あい》(十二因縁の中)

もう十二因縁が八番目です。
八番目は「愛」です。十四歳ころです。
七番目の「受」で苦楽を受けましたが、苦楽をうけるだけでなく今度は、
好き、嫌い。
憎しみ、愛《いと》しさ、などを覚えます。
好きには手をさしのべ、
嫌いには逃げ腰。
憎しみには目をつりあげ、
愛には大きい感動の起伏《きふく》を示すようになるのです。
何とまあ。

第四十三話　取《しゅ》、有《う》（十二因縁の中）

十二因縁も九番目です。ここでは、とどまることのない愛怨《あいえん》の心いよいよ深く、これと同時に執着の心も、人間を対象とするだけでなく、物に対しても生じてくるようになります。やがては、それらを自分のものにしたいという所有欲、自分だけのものにしたいという独占欲というものに発展してゆきます。これらの欲が発芽するきっかけが、九番目の「取」であります。何でも、取って、自分のものにしたいというところから「取」の字があてられたのかもしれません。

それは次の十番目の「有」につながってゆきます。この十二因縁の九番目や、十番目が、遠い次の未来に生まれてくる因となるのであります。

十番目の有が因となりて次の「生」が結果となるために、人間はここで老いて死なねばならない果を招くことになります。次は十一、十二の「老」、「死」です。

第四十四話　老死（十二因縁の中）

みんな、死ぬのは嫌です。

老いるのも嫌ですが、死ぬということは嫌であると同時に怖いのです。

なぜ怖いか考えてみたことがあるでしょうか。

誰も、あんまり考えないのも死なのです。

誰かさんが亡くなった、と聞くと、え？　あの人が……とびっくりしながら、内心、自分が死ぬことは考えないものなのです。

死ぬことは怖くはないけれど、死ぬ時に苦しみを受けるのが怖いので、苦しまなかったら、死ぬことは怖くないという人があります。どっちだっておなじことでしょう。

まかりまちがえば、約束をちがえたりすることがあっても、死ぬことだけはまちがえることはないのです。一番たしかなことであります。いま、ここに、私が生まれて居るとおなじに、まちがいのないことなのです。

生死の根本、迷の種である「無明」を断ち尽くした時、行も尽き、行が尽きることによって業も尽ききわまるものであります。

おのずから識、名色尽き未来の生死が尽き、迷晴れて涅槃《ねはん》に至ると説かれているのですが、そう説かれてもお分かりになりますでしょうか。

十二因縁の一番目の初めの無明が尽きることを、「無無明《むむみょう》」と書かれているのです。以下すべて上に無の字をつけて一切は「空」なることを説かれているわけであります。

十二因縁といえど「空」でありまして、「空」であることをはっきりと会得いたしますと、生死を越えてもちろん、十二因縁もなくなるはずであります。

が……、だからといっても生や死が尽きるということがないのだと説かれています。

このように、生まれては死に至り、また生まれてくることを輪廻《りんね》と申します。

これを流転門《るてんもん》といったりします。

分かって頂けるかどうか、私は、私流の心経で説いてみたいと思いますので、どうぞ四十五話を読んでみて下さい。

第四十五話　雲門挙す

場所は方丈《ほうじょう》の居室《きょしつ》であります。

雲門《うんもん》という禅師の垂示《すいじ》です。

「十五日以前については何も問うまい。

十五日以後という私の問に答をひねり出して答えてみよ」

並み居る面々は顔を見あわせたり、または、私語したり、目を閉じて仔細《しさい》らしく瞑目《めいもく》しているものなどなど。

それぞれは禅の修行僧たちでありります。

誰かが、さっそくお答えをいたします。ぴしりと雲門は机をたたいて一睨《ひとにら》み。

また一人が間抜けたお返事を……。

臨済宗の禅の問答のありさまであります。

ひとりとしてこの公案に、たしかな答えをするものはありません。

これは、別に十五日以前以後でなくても。今年来年でもいいし、入社以前、入社以後でもよかったのです。

雲門の問は、必ずしも十五日とは関係ないのです。以前、以後何を持ってきても。お返事は共通の一語であるべきです。

うっかり、十五日以前でなく、以後だからというので十六日などといえば大目玉。

これは『碧巌録《へきがんろく》』という百則を納めた集録の、第六則であるのです。

誰もが雲門のお気に召す答えをしないものですから、ここで雲門禅師みずから、さらりとみんなへいってお聞かせになったのです。

「日日是好日《ひびこれこうじつ》」

ああ、それなら知っていた、と、ここでいう人が何人かあるはずです。

その通り、床の間の茶掛や、お茶碗などにも書かれていたあの一句です。

そこで「日日是好日」のことをさらに話を進めてゆくことにしましょう。

第四十六話　亦無老死盡

さて、どこまでが十五日で、どこからが十六日なのでしょうか。

夜と朝の境を、あなたは見たことがありますか。

それは夜中の十二時です。

なるほど。時計ではそうです。その境をあなたは見ることができますか。

話は変わりますが、ハワイへゆくとき、日付変更線というところを通過します。地図では線がひいてあります。

「ただいま、日付変更線を通過いたします」とアナウンスがあると、ほとんどの乗客は飛行機の窓から下界をみおろします。

そこは碧《あお》い海です。

見えているのは海ばかり。

どうですか、地図に線があっても、日付変更線を見たものは一人もいないではありませんか。十五日以前以後とは、一つの罠《わな》なのであります。入試問題にはちゃんと罠がしかけてあります。罠に落ちるのは獣《けもの》ばかりとはかぎりません。日常私たちは、いくつもの罠を上手にくぐりぬけて生きてゆくのです。

昨日はきのう、今日はきょうでありますが一晩ねると昨日が今日になっています。明日は、明日はと待っていても、目がさめると、もう今日になりました。

昨日、今日、明日の境などはなにもないのですか……それは「空」だというのです。「空」ならば昨日、今日、明日は存在しないかというと、ちゃんとあって昨日も生きてきましたし、今日も暮していますす。そして「空」である故に、昨日、今日、明日は永遠に存在し、しかも尽きるということがないのです。

心経の、

「無老死亦無老死盡」というところが、これであります。

老死もなく、

また老死も尽きることがない、と御理解下さい。

第四十七話　譬喩《ひゆ》は譬喩どこまでも

例えば……とか、

例えていえば……とか、

そのことを別の観点から眺める時に例話でもって説明をすることが少なくありません。お経や、講話にも、例えば……がよく出てきます。お経にも譬喩品《ひゆぼん》と申しまして、譬喩のために一巻があるのです。

何のために譬喩を重く見るかといいますと、説得力のためであります。分かりやすく、のみこめるように、心にしっかりと受けとめてもらうために譬喩という方法を使うというわけであります。

私が、昔聞いた話に、種子《しゅじ》の一事《ひとこと》があります。種子はたね子という女の人の名でなく、仏の本当の名前であります。本当の名前というよりは、さあ、何といったら分かるかという時に、私はこんな話を聞いたのです。

「仏さまや菩薩さまたちには、種子と申しまして、もとのお名前があるのでございます。観世音菩薩というのは日本での名前でありますが、これには、オンバラダ・ハンドメイウンというお名があります。このお名前をお呼びするのですが、観音さまも大勢いらっしゃいまして、それぞれに種子がちがうのであります。

種子とは、何かと申しますと、例えていいますならば、お豆腐《とうふ》を例にとりましょう。豆腐というものは四角い白い食品でありますが、それは、豆でできております。そこで、豆腐の豆にあたるところが種子であります」と。

こんな話でした。後日、次の講話の時、種子とは何ですかと、先に話された講師が復習のつもりでお聞きになりました。

勢いよく一人の聴講者が手をあげました。そして、その人はきっぱりといいました。

「はい、豆であります」

みんな、笑いましたが、笑いごとではありません。私のところでも、そんな話があります。

私の方では、私が絵を描くものですから、門下の人に色紙の話をしておりました。手漉《てすき》の、白い色紙を見せながら、私は門下生に説明していました。

「これは色紙です。この色紙に貼ってある白い紙は手漉の和紙で『鳥の子』といいます。分かりましたか」

すぐ誰かが答えを返します。

「どうして『鳥の子』なのですか」

「それは、『鳥の子』は生まれる前に卵でしょう。この紙の色は、ちょうど、鳥の卵の色をしていますので、この色紙のことを『鳥の子』といいます」

みんな分かってくれたようです。

次のけいこの時に私は聞きました。

「覚えていますか。この色紙に貼ってある紙を何といいますか。この紙を貼ってあるこの色紙を何といいますか」

一人が得意顔でいいました。

「はい卵です」

「鳥の子」というところを、この人は、卵の方を覚えていてうっかりいったのです。お経の本にはあれこれと譬喩がでてきます。

お経の中に譬喩品という一巻があります。

譬喩は人の名前にもつかいます。

渾名《あだな》というのがあります。その人にふさわしい本名以外の名をつけて、かげでうわさをする時のあれです。渾名を呼んだだけで、ああ、あの人のことだとその人を推察できるのも上手な譬喩のうちに入ります。

お経の場合は、より分かりやすくすることのための手段…説得力の役割をするのが譬喩であります。

往々にして、譬喩に捉われて、譬喩の方を覚えてしまうおそれがありますので、どうぞお忘れなく。

譬喩はどこまでも譬喩であることを。

第四十八話　美しい天女

相当むつかしいところを歩いて頂いたので少し息ぬきに、御一緒に散歩をすることにしましょう。

散歩といいましても、どこへ旅をして、どこを散歩するということでなく、ひとつ、仏教の庭を散歩することにいたしましょう。

仏教の庭で何を見ましょう。

美しいものを見ましょう。

美しいものはお花ですか。

美人ですか。そう、美しい女人を見ることにいたします。

塔の上を飛翔しているきれいな女性……天人です。

天人は天部に住んでいます。

天部の住人にガンダルヴァという幻の美人の住んでいる天界の種族があります。

ガンダルヴァというのは、種族の名でありますが、ガンダルヴァとだけいえば、お経の中に出てくる楽人であったり、天女であったりいたします。

音写で、お経の中には「乾闥婆《けんだつば》」という字を中国ではあてています。

観音経の中に天部八部衆……天龍、夜叉《やしゃ》、次が乾闥婆となっています。

私が、まだ幼い時、と申しましても十九歳ころでありましたでしょうか。私は何ごとにも引っこみ思案でありましたので、友だちがみなえらい人に見えたりして、肩身せまく生きていたころですから、十八、九といってもその年だけのねうちのないころでした。

私は、少しでも何か勉強しようと思って、観音経を暗誦することにしました、というのは、記憶力も人よりおとっていまして、何でも勉強するには、すぐ忘れるようではこまる……まっ先に記憶力を身につけようと思いついたのです。

そこで観音経をやろうと思ったのはいいのですが、なかなかむつかしくて覚えません。覚えたと思っても、翌く朝はもう、すっかり忘れてしまって。べそをかきながら、何ヶ月もかかって覚えました。私が四十歳を過ぎたころに、千字文を四十分かからず覚えるようになったのは、その時から思うと嘘のようです。

さて、その中に乾闥婆というのが出てきまして……この、乾闥婆というのは何だろうと考えてみました。きっと、乾闥婆というからお婆さんだなどと、まず思いました。お婆さんもお婆さん、乾の字が入っているので、乾は乾物《かんぶつ》の乾ですから、かわいてひからびて、からからになった、しわしわのお婆さんにちがいないと思ったものでした。

あとで、塔の上で笛を吹いているあの美しい天女も乾闥婆だと知って、天人たちに、申しわけないことをしたと思っておわびをしました。

こんな、まちがいをするのは、訳者が、もとの音に近い漢字をあてたりするものですから……。

このような、何も、本当のことが分からなくてまちがいをする人間を、無学といいます。ところが、仏教語では、無学というのは、もう、これ以上学問をする必要のなくなった人のことを無学と申します。

したがって、まだまだ勉強しなくてはいけない人のことを、有学《うがく》というのですが……、あなたは……。どちらの方の無学でいらっしゃいますか。

第四十九話　過去世の月

菩薩の中のある菩薩はかつての世では兎《うさぎ》でありました。
彼は品性の故に、そして美しさ、そこへ円満なること、勝れた力もあり、王位にあるもの の優雅さのためにも、彼は王様のように獣たちの上位に坐っていたのでありました。
そこは森です。
蔓草《つたくさ》たちは心のままに伸び、
樹々の命の伸びやかさ、
大地はさわやかに、軟らかい小草に覆《おお》われ、
流れの河は、
清く、青く、瑠璃《るり》のように……。
そこは森でありました。
兎はそこに住んで、草の芽を喰《は》んで満ち足ることをしり、彼、兎は、彼の三密《さんみつ》（身・

口・意）の業は慈愛に浄《きよ》められていましたので、動物たちは彼の前は門弟のごとくでありました。

とまあ、日本語に直訳してはそっけないものになりますが、サンスクリットの頌《じゅ》は、それはそれは美しい韻《いん》によって綴られているのです。もともと、これらのジャータカや、叙事詩は、私たちが活字になった小説を目で読むようにつくられたものでなく、初期には吟遊詩人が、語りながら、自作の詩を披露したものでありました。二千何百年以上も前に、これらの頌は歌うように説かれ語られたものであるのです。遠いむかしのことでなく、このすばらしい披露は現代にまで語りつがれているのでありまして、私が、一年に何度か訪ねてゆくインドで、いまもなおおなじことがおこなわれているのです。私が聞いたのは、早朝はほとんど公園の中でありました。午後になりますと、寺院の中の屋根のある場所で、遊行《ゆぎょう》のお坊さんが、このことを昔の遊行詩人のようにみなに聞かせているのです。いまは、サンスクリット語でなく、ほとんどヒンズー語でありました。

さて兎本生《うさぎほんしょう》にもどりまして……。（本生とは仏の過去世のことを綴ったもの）

兎はいつものように法を説いていたのであります。彼の法を聞くために聴聞者《ちょうもんしゃ》たちは彼をかこんで坐っていました。

森は夜でありました。

月は、満月に近く、太陽から離れているものですから美しく光り輝いて中天にかかります。満月に近い月は、柄の欠けた銀の鏡のようでありました。

そうです。その月は今宵十四日の月でありました。

聴聞者たちに兎は諭しました。彼の巧みな話を帝釈天も驚きと好奇心をもって聞き、彼（説法者兎）の本心をもっと深く知りたいと思われたのでした。翌日は満月となりました。

帝釈天は婆羅門《ばらもん》の姿になって、道にふみ迷った人のように歩みよってきたのであります。

飢えや渇きにあえぎ、疲労のさまはすぐにみなの目にとまりました。

兎の説いた法によって、この疲れた客人に満月の夜の供養《くよう》をいたしましょうと、獺《かわうそ》は、喜びと興奮のために歩を早めながら婆羅門に七匹の赤い魚を持ってきて申しました。

「どうぞ、これらを食べて、ここに滞在して下さい」

山犬は、手に入れたばかりの蜥蜴《とかげ》を一匹くわえてきてささげました。招待の言葉と共に。

猿は、良く熟したマンゴーの実を手にとって合掌礼拝をして婆羅門に向いました。

「マンゴーは熟しました。

　水は流れ清らかに、
　木の陰は涼しく善男女をつどわせます。

　ヴェーダの学の最上の人よ（婆羅門への讃詞）召しませこれがマンゴーを。ここに長き御滞在のほどを……」

それぞれに招待しても、兎は差し上げる何も持ちあわせません。

兎は嘆きました。

なぜ、私には供養する何もないのだろう。

私の小さい歯でかみ切った若い草の芽は、客人に差し上げるにはふさわしいものとはいえない……考え、悲しみ、嘆き、心もだえつつ、はたと兎は思いついたのです。

「そうだ、そうだ。何はなくても、私には私の、この身がある。この体を供養しよう。

何も、嘆くことはなかった。

何も、悩むことはなかったのだ」

これをきかれた神々の主帝釈天は、彼の心に感じ入り、金色に光り輝く煙のない火のかたまりを化作《けさ》されたのです。

どうして、自分自身を供養しようかと、あたりをみまわしていた兎は、いち早く火のかたまりを、見つけ歓喜したのです。

兎は喜色を顔いっぱいに現わし、欣喜雀躍、
喜捨の座より立ちあがって、
身をひるがえして火に飛んで入ったのです。

これを見られた帝釈天は最も高い驚きに我を忘れて婆羅門の仮の姿から、本当の御自身の帝釈天のお姿を顕示されたのでした。

帝釈天は火に躍り入った兎をささげ持たれました。

光り輝く宝石を散りばめた指輪、その指輪が飾られた両の手に、この兎をささげ持たれ

たのです。

「三十三天の神々もひとしくこれを見よ」

帝釈天は、今宵十五夜の月を、ささげ持った兎の影像で荘厳されたことでありました。

さあどうでしょうか。今でもお月さまには、その兎の輝く像が見えるではありませんか。

それ以来のことです。

この世の人々は満月の夜の月の面を、

「白蓮華の花開かせるもの」、「夜の荘厳」または、

「兎の印あるもの」といって称えてやまないのであります。

こうして菩薩であった兎は月を荘厳し、同時に次の世で仏となられたのであります。

これは兎本生であります。

なぜ過去世の月が出てきたのでしょう。

次の第五十話をお読み頂くためのこれは序曲であります。

第五十話　インド零《ぜろ》の発見私話

今宵は月食《げっしょく》でありました。

インドの民は、いつ、どこで、この月食を眺めたのでしょうか。

それは、何百年も前のことでありましたので、誰に尋ねることもできません。

百年はおろか、千年も、いや、二千年も前のことであったかもしれません。

今宵は、月食の夜でありました。

月食の夜ということは、今宵は満月であるはずです。

月を暦として、インドの民は政治や、お祭りをいたしましたので多分、この日も何かのお祭りが最高にもりあがった晩のことであったと思われます。

何のお祭りか、それも、誰も、返事をしてくれない昔のことでありました。

民族の、誰が、いつ月食をはじめて見たでしょうか。

それも、誰も、知るよしはありません。

満月が、長いときをかけて、だんだん一晩の中に痩せてしまう……こんなことを、はじめて経験した時、古代の民族は恐れ、おののき、地に伏して祈ったことでありましょう。罪をおかしたものは、その罪を謝罪し、病にたおれたものは、刻々に黒くなる月を見て、いま自分の終焉がきたと思ったにちがいありません。

祭りの、夜の、十五夜でありました。

月食の月はなおも、なおも痩せてゆきます。

神々のために天にとどくほど薪《たきぎ》をつんで燃したかがり火は、だんだん黒くなってゆく月が、もしかしたら燃えてしまうのではないかと、彼等は、いそいでその祭礼の薪を消しとめました。

月は次第になおなお痩せてゆくのです。

ついには、この世から、月はなくなるのではないか……と人々は救いのない祈りをささげ続けました。

月は、なくなってしまうのでしょうか。

いいえ、いいえ。月は痩せていくのでしょうか。

いいえ、いいえ、月は、そのままで、ただ、月は欠けてゆくだけなのです。

欠けてゆくだけで、月は、無くなりはしない……と人々はお互いに私語してささやきかわしました。

月は欠けて、もっと細くなりました。

とうとう、弓になりました。

月は、もっと欠けて、弓がもっと細くなりました。

欠けて、
欠けて、
とうとう欠けてしまいました。

シューニヤター、
人々は叫びました。

月を指して叫びました。

シューニヤター、
一人二人でなく、すべての人は十五夜の祭礼の夜の天を見あげて、天を指して叫びました。

シューニヤター、と。

この夜以来、インドの人々は皆既月食の、月がすっかり欠けた状態をシューニヤターと名づけました。

シューニヤターとはサンスクリットで「欠けた」という意味であります。

インドは月によって政治をしたりお祭りをしたりする国でありますが、満月の翌る日は、満月から一晩目の夜（日本では十六夜《いざよい》と名づけます）。その翌日は満月から二番目と数えました。日本では立待《たちまち》の月と呼びます。

満月から三日目の月、日本では居待月《いまちづき》。

満月から四日目の月、日本ならば寝待月《ねまちづき》。

こうして数えていって、とうとう最後の暗い晩は、呼び方がないので、新月になる前の夜を何と呼んでいいのか……何ともいわないでただ「暗い闇の夜」であったのが、この時からシューニヤターと呼ばれることになったのです。

欠けて、何も無くなったこと、シューニヤターは、それを、零であるとされました。

インドが零を発見したので、世界の文化や数学の学問のためには大変すばらしい発見であったということができます。

一でない数、

一より小さい数、

何もない数、

それを零（シューニヤター）と呼ぶことになりました。

空もまたシューニヤターであります。

歴史の上で、「零」が現れたのは六世紀以後のことであります。

第五十一話　黄金の記号0《ゼロ》

ゼロは、インドが発見したというだけで、いつ、誰が、どうして発見したかは誰も知らないのでありますが、私が、第五十話で私話として書いてみましたが……さて、零という数字を、どうしてこしらえたのでしょうか。

そこで、もう一つ私話をしるしてみることにいたします。

遠いむかし……、

インドの民は零を発見いたしまして、二十年にならない間に、今度は皆既日食を迎えます。

突然に、まっ昼間、今度は太陽が欠け出したのです。

人間が生まれて、生きて、生涯に皆既日食《かいきにっしょく》を見ないでおわる人もあるはずです。

長生の人は生涯に、三回も皆既日食に逢う人もあることと思います。

太陽が欠ける！　月が欠けたのはもうよく分かりましたが、太陽までが欠けるとは。

刻々と昼が消えます。欠けるのは太陽であっても、昼までが消失するとは。

気温はぐんぐんさがってゆきます。

夕方の、あの、茜《あかね》の世界……それも日食のある瞬間です。

茜は失せて、今度は死んだ昼間の空に星が輝きはじめます。

鳥たちは恐怖にのどから絶叫を吐きつつどこへ逃げてゆく気でしょうか。

音のない大音響が流れ、無音の音響の中を細い足のインドの民が、両手を無意味に振って、泳ぐように地上を這いました。

太陽が皆既《かいき》になる瞬間、金環に抱かれた暗黒の太陽が出現いたしました。

シューニヤターだ。

一人が指さすと、みんなも指しました。そして次に指で丸をつくって叫びました。

「シューニヤター」と。

以後、黄金の輪は、0の記号となりました。

第五十二話　空と零

空が、
般若の到達点であるならば
零は、
永遠の出発点であります。

第五十三話　零の諧謔《かいぎゃく》

0×0＝0
0×5＝0
零×妻＝無頓着
零×夫＝無収入

第五十四話　無苦集滅道

ここでは、私たちの人生は、まったく「苦《く》」に満ちていると説かれています。

苦とは何でしょうか。

病むこと、老いること、死ぬこと、これは当然として、実にたくさんの苦にみちているというのですが、そのうちの少しだけ書き出してみることにしましょう。

愛するものとの別離の悲哀。

逢いたくないものに逢う苦しみ。

欲しいものが得られない苦しみ。

一つとして、因のない苦しみはないのです。

この因になるもの、その原因であるところの「集」を滅ぼさねばならないでしょう。それが「道」を修めて得られるというのですが……。

この苦、集、滅、道を四諦《したい》といい、道には八つの正道があるのです。

心、行、精神などによってこれを滅し、涅槃に至るといわれます。

涅槃を得るために八正道《はっしょうどう》を修めて苦をなくするのでなく、般若の「空」を得たものには苦などはなく、おのずからの涅槃となるのです。

涅槃とは、サンスクリットでニルバーナということは、どの本にも書いてありますので御存じの方も多いでしょうが、別の言葉で涅槃を書き出してみましょう。

無生《むしょう》、無作《むさ》、無為《むい》、解脱《げだつ》、彼岸《ひがん》、寂静《じゃくじょう》、無二《むに》、一行《いちぎょう》、清涼《しょうりょう》、吉祥《きっしょう》

いくらでもあるのです。

そこで、あなたは、心経解説のどの本にも書いてあるサンスクリットの一語一語をみな覚えようと思いますか。

あなたがサンスクリットを暗記し、あなたがここに列挙した涅槃の別のいい方も全部覚えたからといって、あなたが心経が分かったことにはならないということも、覚えておいて下さい。

すべては、般若、般若です。どうして、「空」をつかまえましょうか。

第五十五話　山一つ

まもなく頂上につくという時に、私たちは勇んで、やや、足を速めながら、見えている頂上をめざしていそいそと……。

お山登りをした方は、きっと御存じのあの楽しい心境のひとときであります。

あら、どうしましょう、あれが頂上だと思って足さえ速めたのに、いよいよ頂上に近づいて見ると、その山のうしろに、いま一つ思ってもいなかった山が現れたではありませんか。しかもその山は、いま登っている山よりも大きい山なのです。

私たちは、また現れた新しい山へと登りはじめます。

また、頂上近く……今度は前よりもゆとりをもって頂上をめざします。あの頂きに登ったら、眺めは、どんなに美しいだろう……。

その思いもはかなく、もう一つ大きい山が、背後にひかえているではありませんか。

今度は、今度こそあれが頂上だと思って次の山を登りはじめます。頂上が見えている山の背後には、もう山はなく、小さい雲一つ浮いていない青。

こうした経験が、誰にでもあったはずです。何々岳とか、何アルプスといった山でなく、ただ、湖へピクニックにいって、軽い気持ちで登った丘に近いような山でも、こうした経験をするものです。

私たちの人生でも、一つの本を読みおわるとそれより少し程度の高い本を読みたくなります。

それがおわるともっと次にというように、勉強は生涯であります。

「山一つ　越ゆればさらに大き山
吾にせまり来なおも越ゆべし」

人生も、山登りに似ているようだと書きましたが、ただ、登るだけでなく、ゆとりができた時、私たちは足もとの小さい草の花に心をなぐさめることもできます。

心が、安らかである時、啼く鳥の声に立ちどまることもあります。生きているということは、いいことですね。前項八正道の中の正精進がこの「山一つ」の道でしょうね。

第五十六話　無智亦無得

「智もなく、また、得もなし」

「空」を会得《えとく》したものにとって、死もなく生もなく、とないないがくると、次の無は智もなく、得もなくなるのだといわれても、そんなに急に「空」が会得できるものではないと私は思うのですが、如何でしょうか。

「空」を、会得する手がかりにもう一度、少し返してみたいと思います。

返すって何でしょうか。

何を返せばいいのですか。何も借りた覚えがないのに返せといわれてびっくりしないで下さい。

日本の音楽などでは、もう一度、おなじところを念を入れてやってみましょう、という時に指導者は「返しましょう」といいます。

舞台のお芝居のけいこなどでも、演出家が二幕目の五行目から返しましょう、などといっているのを聞きます。

この場合の日本語は、そのところを、もう一度念を入れて、くり返してけいこしましょう、ということを、「くり返す」の、くりを飛ばして、ただ、返す、といいます。もう一度、御一緒に「返しましょう」と、いま、私は申しあげています。なぜ、返さねばならないのですか、と申しますと、もう一度、念を入れたいのです。

どうして念を入れるのかといいますと、もし道に迷った時、私たちは、もういちど先に過ぎた道へもどると同じで、どうしてもここでしっかりとたしかめようではないですか。そうです。迷っているからです。あなたはまだ、悟ってはいないはずです。無論私も。悟ることは「空」をつかんだことになるのですが、「空」をつかんでしまうと般若の智（仏智）に到達することなのです。般若に到達することは涅槃であります。私たちは、悟ってもいないし、まだ、安心して生きることも死ぬところにもきていないのです。

悟ることは、立派なことかもしれませんが、迷うということも悪くはないのです。

凡と聖が、不二ならば、悟りも迷いも二つのものではないのです。

迷う人が誰もいなければ、悟った人を立派だとは分からないのです。

迷うことも大切です。

さあ、一緒に迷うことにしましょう。

そこで、どこまでひき返しましょうか。

第三話で私は般若を、花の咲く春の話をしました。この美しい春が、これが、そのままに般若だといいました。

覚えていらっしゃると思います。

その次に、形のあるものはみんな「空」であるというところへきましたね。

五蘊皆空のところです。

何だかとても矛盾しているようにあなたはお感じになりませんでしたか。

般若とは仏母であります。

仏たちを生み出す母胎であります。

仏たちを生みだけでなく、花や、鳥も生みます。形のあるものでなく、形のない精神的なものの母でもあります。信念の母でもあります。

すべてが「空」であるならば、般若も、また、「空」であるというのは結論であります。

仏語のこうした哲学性は完全主義者といわれる人には、きっと受け入れられないでしょう。

矛盾と思う人があっても、真理だって矛盾の中にあるのです。

形あるものも、形ないものも、すべては一つとして常態ではいられないのです。

みな、みな変化します。変化するものを、不変と申しましょう。差別あるところに平等があったように。

私たちは、もし、私以外の誰かを愛したとしましょう。十二因縁で勉強しましたね。

愛することによって、それを、自分だけのものにしたいという欲望が生まれます。

恋人同志はお互いに誓いあいます。

「いつまでも、変わらないでね」

とんでもないことです。

変わらなかったら悲劇以前です。いつまでも二人は若く美しく、みつめあって十年も百年も愛しあって、それを真実の愛だと、誰だってはじめは思いちがいをいたします。刻々に変わります。変わるのがあたりまえで、変わるこそ尊いのです。

平和、といってみても、平和の日はなかなかこないではありませんか。平和がないものだから、平和の旗じるしをかかげます。平和がないから平和が尊いのです。

私の体の中にも、少時《しょうじ》も休まず戦いがくりひろげられています。古いものは死滅いたします。お風呂でこすると出る垢《あか》は、死滅した細胞であります。

いつ、古い細胞が死滅したのか、その過程は誰も見ることはできません。新しい細胞が生まれる様も私たち自身のことであっても、私たちには見えません。私たちの体の中の死も、生もおのずからのものであります。

いままでの心経を思い出してみて下さい。

そして、素直に、分からねば分からぬままに迷いつつ進んで下さい。私たちの一人一人は諸仏を生んだ般若という同じ母胎から生まれたのですから。

第五十七話　以《い》無《む》所《しょ》得《とく》故《こ》

五十六話の「無智亦無得」の一行は、少しも進みませんでしたね。進まなくともよろしいですよ。心経の解釈は進まなくともあなたの中で、何かが、いま進んでいるはずです。

私たちも次へ進みましょう。

昔は、味噌《みそ》をつくったり、機《はた》を織ったり、米をつくったり、あれこれ忙しく生活をしてきた人間も、いまは生活をすることでなく、存在しているだけの人間が多くなったようです。

生活の中には、機を織ることや味噌をつくることや、洗濯をすることなどは、人が分業でやるか、機械が人間のかわりをする時代になってしまって、それなら、うんとひまができたかというと、かえって忙しい、忙しいという人がたくさんいるのはなぜ？

第一に情報の取り過ぎ。

ラジオ、テレビ、週刊誌、漫画本……。

誰と誰とが離婚するかもしれない……とかいう他人のことまで、ことこまかく知っている人があり、知っているからといってそれは知識人ではないし、それらの生活に不満も覚えず反省、進歩がなく、ただ、忙しいというのが口ぐせのような人もいるようです。

「亦無得」とは、執着して得るところのものは何一つなし……ということです。ましてや他人の離婚話にうつつをぬかす、などは自分のことでも捉われてはいけないのに、他人のことにまで捉われて忙しく心をわずらわせるより、もう少し、のんびりした方がいいのではないでしょうか。

五十七話は、得るところなきをもって……と読みまして、所得と読まないで下さい。所得税というのがありますので、所得もなしだから、税金を納めなくていいのかな、なんかではないのです。

何か、そこに得るものを期待することがあったりしないこと。期待したり、捉われたりしないことによって……次へ。

第五十八話　写経は功徳《くどく》がありますか

一所懸命に心経を写している人があります。写しては○○寺に納め、写しては書きため、書きため、大切にさらに写し、さて、そんなに写して何か御利徳があるものですか。どんな、御利益があるのでしょう。

一つの話をお聞き下さい。

梁《りょう》の武帝のところへ達磨大師が乞食《こつじき》をしつつ到着しました。乞食といっても、ものもらいでなく、まあ何といいますか、僧が修行をして天地人の恵みによって生かされていることを自覚するために、みなさんたちが行脚《あんぎゃ》されることですが……その達磨大師は、玩具の、おきあがり小法師や、赤い衣を着たお人形のだるまさんでなく、天竺からはるばる唐《から》（中国）へこられて、禅宗を創立した方でありますが、達磨大師を客に迎えて梁の武帝は得意顔で達磨に質問しました。

「私は、自分だけでなくたくさんお経を僧たちに書写させました。まだ、あります。お寺も建てました。港もつくりました。一つや二つではなく……ね。さて、どんな功徳があるでしょう」

期待した答えは返ってこず、達磨は言下に答えました。

「無功徳」

武帝は、がっかりするよりは、むっとして、何と、まあ無礼な奴と思ったのです。帝のそばには、いつも、へつらうものや、何をいわれてもがまんする家来などで満ちていたのです。こんな、無礼な言葉を、ぶしつけに大きな声でなげつけられたことはなかったのです。

武帝は別の話題を選びました。

「仏の教の真諦は何であるか」

今度は、言葉もていねいでなく、横柄な態度で返事を待ちました。

「廓然《かくねん》無聖《むしょう》」

ますます無礼！　武帝はかっとして、

「そういうお前は何者だ」

達磨は大声で
「不識《ふしき》」

そして、さっさとあいさつもせず御殿を退出いたしました。

達磨が去ったあと、不気嫌な武帝に友人のような導師《どうし》のような誌公が帝に申しました。

「帝よ、あの方はめったにおめにかかれないお方です。なぜ、おかえしになりました。おしい人を去らしてしまわれました。悔《くや》んでも悔みきれません。早々よび返されるべきです」

帝はむっとしたままで心の内には何かもやもやとしたものがあり、もっと追求すべきであったとの念もあったのでしょう。

「そうか、それなら、おっかけろ。よび返せ、兵を出せ」

ここまでくると人間の言葉でなく権力者のたてまえになります。

誌公は、

「御意に叶ってありがたき仕合せ。して、彼の僧は、いずれへ去られたのでございましょう」

帝は昂然《こうぜん》と得意顔になって仰せになりました。

「不識」

と。

達磨の不識と、帝の不識は、おなじ不識でも大ちがいであります。

さて、

あなたは、心経を写して御利益があると思いますか。お寺へ納めて功徳があると思いますか。

私は、とくにお返事はいたしません。それは、利益があるかないか、あなただけが分かることです。写経してみて、分かって下さい。

世の中には、この話によく似たことがたくさんありますね。

達磨は、子供たちにも、だるまさんと呼ばれて親しまれた方ですが、歌にも歌われている方です。

「だるまさん、だるまさん、

　にらめっこしましょ、笑うたらまけよ、

　あぷくぷのぷ」

こんなお遊びの歌を御存じですか。

きっと、だるまさんは大きい目の方だったでしょう。

きっと豪快な方だったと思います。汽車や飛行機もないむかし、地の平を見て行脚された御僧たちへ御一緒に供養いたしましょうね。

こんな話をすると、それでは写経しても無功徳ですね、とすぐきめつけないで下さい。

たしかにあなた自身がもう、お分かりと思いますが、では、功徳を得るために写経をしましょうと思ったりすると、以無所得故ではないのです。

あっぷくぷのぷ。

第五十九話　菩提薩埵《ぼだいさった》

菩提薩埵は略して菩薩と思って下さってよろしいかと思います。観世音菩薩も菩薩ですが、菩薩はガンジス河の砂の数を無数という数にかけ算をしたほどあるということです。大そうたくさん、かぎりなく……道を求めて修業するものを菩薩というのですが、大きい意味では私たちも菩薩です。

その道は、はるかで、かぎりなく続く道です。また、その道は、少しもおなじ常態《じょうたい》でとどまることなく続く道であります。諸行無常といわれる道のことです。

諸行無常にひっかかると、仏教というものは暗く、悲しく、悲観的なものだと思いちがいをする人がありますが、何ごとも常なしというのは、あたりまえのことで、これを会得すれば「空」が分かることにもなります。諸行無常という街道を果てることのない悲願に坐る方が菩提薩埵であります。

第六十話　依《え》般若波羅蜜多故

いくたびもくり返して、
何度も角度をかえて、
説かれたものはいずれも「空」。
仏智に到る街道を、
どこまでも、どこまでも、
説いても説かれても、
とても難解の「空」。
何もない。自分もない。おしまいに般若もないのだという。
そこで、そこまで説かれたら分かるのかというとますますむつかしくなりそう。何もないとは何かということを抽象画的でなく具象画的に話してみるといたしましょう。

第六十一話　何もない……その一

聖フランチェスコという方をお祭りしたアッシジ。そこに祭られている聖人としてのフランチェスコでなく、人間であった彼のことを話させて頂きましょう。

心経は、東洋人のものでなく、すべての人たちに共通の話しとして聞いてみて下さい。

フランチェスコが生まれたのは、アッシジの金持ちの息子としてでありました。

彼は放蕩《ほうとう》に身をもちくずし、（これは例外でなく）と一言いれてもいいようなものです。

どうしてかと申しますと、金持ちの子、賢人の息子、偉人の子息などというものは、全部ではありませんが、ほとんど親同様にすばらしい人は少ないということであります。

親の責任、社会のしくみなどにかこまれて、本人はいとも簡単に堕落《だらく》してゆきます。

決して、親や、社会の所為《せい》にしてはいけませんね。どこまでも本人の所為であることはもう、ここいらでみなさんに分かって頂けてもらっているはずです。

彼はある日、街へ出かけます。

そこに、見るもあさましい病人が倒れています。

彼はそばによっていいました。

「可哀相《かわいそう》に、お前は……」

倒れている病人は癩患者《らいかんじゃ》であると見えて、体のあちこちから膿《うみ》も流れています。

病人はいいます。

「ありがとうございます旦那、あなたは私を見て、可哀相といって下さいましたね」

彼はいいます。

「そうだ、お前は、とても可哀相だ」

「それは旦那の口さきだけです。病人でないものに、病人の苦しみは分かるはずはないのです」

こんなことを彼はいままでいわれたことがないので急いでいい足しました。

「私が病人でなくても、分かっているよ、お前の苦しみが……」

「本当に、旦那はそう思って下さるのですか」

「あたりまえだ」

「いや、分かっちゃいません。私を哀れと思って下さるのが本当なら、私の膿を吸って下さい」

彼はびっくりして病人の顔をみました。

何を、彼は考えたか、彼は、ひざまづいて病人の膿を吸ってやったではありませんか。

病人は、その時、すっくと立ちあがりました。それは病人でなく、イエス・キリストでありました。

「フランチェスコよ」

うち驚くフランチェスコにキリストは仰《おつしや》いました。

「家を出なさい。家を捨てなさい。そして森へ入って暮らしなさい。

心やさしいフランチェスコよ、お前は、少しも幸せではない、お前はいつも安定がない。

お前の財は、決してお前を幸せにするものではない。なぜ、いらいらしているか、幸福とは何か」

キリストの話を聞きながらフランチェスコは涙を流しました。何も哀しいことがない自分が哀れに思えます。

本当にフランチェスコは家を捨てて森へ入りました。木の実をとって食べ、谷川の水を飲みました。

今まで見えなかった樹々の緑の美しさ。

きのうまで感じなかった小さい花々のやさしさ。

湧き出る泉の胸に沁《し》み入る冷たさ。

仰ぎ見る天の透き通る青の深さ。

フランチェスコの幸福はいまは彼自身でありました。

鳥たちは彼のそばで歌いました。獣たちも彼のひざにもたれました。

フランチェスコの生活をたたえてイタリー・アッシジに彼をまつる教会ができたのでありました。

第六十二話　何もない……その二

ゴータマ・ブッタ（後のお釈迦さま）は、老いること、病むこと、そして死ぬることの苦からどうしてぬけるか、自分だけでなく、人々のこの悩みをどうして救うかということを考えつめ、王家を出て沙門の仲間に入られます。菩提樹下の正覚までは、どなたもあまり良く知っていられることですから略しまして、ここで申し上げることは、すべてを捨てて、王家を出られたということです。第六十一話で、セント・フランチェスコがすべてを捨てて森へ入って禅定を得たことを書きましたが、仏陀のことも、二話とも「捨てる」ということをのべたものです。フランチェスコも森へ入って無一文で暮らしました。

ゴータマも、城を出て、まったくの沙門として身をもって修行に入ったわけであります。

あなたがたに、無一文になってみて下さいといっているわけではありません。これは、本来無一物ということへの序であります。

第六十三話　本来無一物

ゴータマ・ブッダは地位や権威や城を捨てました。フランチェスコは財産を全部捨てました。

「空」とは、捉われを無くし、

私をなくし、

智もなくし、

すべてを無にした禅定の境地といっても分かりにくいですが、

財産を全部捨てるというと何となくお分かりになりますか。

さて、あなたは捨てるものはありますか。

学問を捨てますか。

知識を捨てますか。

お金を捨てますか。

どれも捨てるにあたいする程のものではないのですか。

みんな捨ててしまったら、どうして生きてゆきますか。

みんな捨てたから、といって本来無一物ということはないのです。

何一つもっていないのだから、本来無一物であるのはあたり前です。

本当の本来無一物というのは、いくら何をもっていても、それらはすべて「自分の物」だと思わない境地のことです。何を持っていても自分のものだ、と、捉われなければ、盗人に取られるかと心配することもないし株が下ったらどうしようとの心配もないのです。

でもなかなか、そうは思えないものです。持っているものを捨てるどころか、もっとほしいと、いやしい心になるのは権力や、金持ちの心理のようです。そのような人は、社会のための活動をしたり、人のために働いたりしないでおおむね政治家になる傾向があるように思いませんか。そのような人は、自分の持っているものに人一倍執着するものでありましょうか。心経から一番遠いところにいる人たちでありましょうか。

第六十四話　一冊の本

教会に祭られた人や、仏さまになった人の話でなく、私たちの、手近な話をしましょう。

ここに一冊の本があります。語学の本にしましょう。

あなたの本です。

これを手がかりとして語学の勉強をはじめました。本を大切に、汚さないように使おうなどと思わないようにして下さい。子供に洋服を着せて、汚さないように遊んでおいでなどというよりは、子供は汚したら叱られるきどった服より、どろんこになって遊んでも安心な服の方が好きなのです。

さあ本の話です。書き込み自由、印をつけるも結構。とくに覚えにくいところは二重丸などつけて下さい。一度にたくさんやらないで、毎日、少しずつやりましょう。

本は、だんだん汚れました。でも心配無用、もうどこに何が書いてあるかが分かるくらいになってしまったら、もう、この本は、卒業です。

さっさと捨てて下さい。まだ、あそこのところがよく分からないから、もう少し捨てないで置きましょう。というちはまだ、この一冊を仕上げたことになりません。安心して捨てた時、この本は、本当に、その時からあなたの本となりました。

それなら百科辞典も、全部覚えて捨てましょうか。

ちょっと、待って下さい。百科事典を全部覚える人がいても、それは智者でも、知識人でも学者でもないのです。百科事典は、入用の時に、しらべものをする辞典。分からないことを、どの本の、どの道すじでしらべれば分かるかというための本であります。

読みもしない立派な全集など見栄のために本棚へ並べないで下さい。お金を捨てるのも、本を捨てるのもおなじではありませんが、まったくちがうことでもありません。

一冊の本を捨てることからはじめて、

いつか、本来無一物に近づきましょう。

本来無一物とは無智亦無得以無所得故のことでもあります。

第六十五話　無罣礙《むけいげ》

一冊の本を捨てた次はどうなるのでしょうか。今度は本の話でなく、形のないものを捨てる話をしましょう。

勉強の話をしたので、遊ぶ話をしましょう。踊りをけいこしましょう。ダンスをやってみましょう。

友人とならうか。教師につくか。

自分で本や、みよう見まねで覚えるか。

本は捨てましたが、できれば、いや、できなくても、捨てた次は、「覚えた」という、そのことも捨てて下さい。ぜひ。

踊りを覚えましたか。覚えたという、そのことも捨てて下さい。

舞台で、次はこうだ、などと心の中で考えて踊っていては、それは踊りではありません。

ディスコへ踊りにいって、次はターンをしよう、なんて心の中で思ったりしていてはちっとも楽しくありません。

覚えた、そのこと、覚えたことを捨てられた時、あなたは忘れず、自由に踊ることができるのです。

まちがったらどうしよう。忘れて、舞台で立往生したら恥ずかしいが……という気づかいも何もなくなります。捉われることなく、自由に。というのは無罣礙であります。

般若波羅蜜多は、「空」をつかむことであります。

空とは、
捨てることであります。

自分さえも、捨てられますか。

上手に踊ろうという自分をも捨てて、無我に自由に踊れること、それが般若です。

それは、調和ある自然のことであります。

それがそのままに「空」であります。

第六十六話　無罣礙《けいげ》故無有恐怖《くふ》

無罣礙故無有恐怖は、煩悩によって執着の心がない故に、恐怖があるということがない、捉われるものがないので恐れることも何もない。ということです。

恐怖と書いて、「くふ」と読みます。

仏教語はたいてい呉音読みです。

漢音読みより古いのですが、お経にも、漢音読みもあります。

男女《だんじょ》、これは漢音読みです。

男女《なんにょ》、こう読むとこれは呉音読みです。

無罣礙は、

何にもひっかかることなく、何にも捉われることなく、何のさわりもなく、

清浄の心で自由に活動できる心境のことです。

第六十七話　清貧《せいひん》と清富《せいふう》

日本人は、昔は貧しい民でありました。

「清貧」という言葉を大切にしました。

金がなくても心が清らかということです。

金がないのだから、心でも清くないと取得《とりえ》がないですね。清貧を尊しとした考えかたはあるいは、いささかのまけおしみと、プライドであったのかもしれません。

私は、牡丹の絵をつくりました。そして清富と書き入れました。私がこしらえた言葉です。

清貧に甘んじるのは、やせがまんも手伝ってわりに安易な境地ですが、でも清富は……富ができると執着がでてもっとほしくなり、金で人を見さげたりいたします。

「長者」という言葉があります。これが、やや清富に似ています。身も心も富んだ人のことであります。いまの、長者番づけに出ている人のことではありません。

第六十八話　蟻地獄《ありじごく》

いままで日本では、仏教がちがった意味で私たちの心に浸透してしまったと私には思えて仕方がないのです。

どんな美しいものも、ついには悲しく醜態になると説かれて、小野小町という美人などもみぐるしいように描かれたりしています。

栄えるものも、きっと月が欠けるようになってしまう、とか。

つらいことがあっても、それは自業自得《じごうじとく》だときめつけられて、少しも明日への希望がもてないようにしくまれていると考える人もあります。

楽しむことには、常にささやかながら罪悪感さえ覚えるような仏教のありかたを学んできました。年老いた時、年を重ねた品格や、老の品性のことなどは少しもいままでは取りあげられませんでした。

仏教はもっと良いもので、

仏教はもっと深いものです。

地獄からも美が生まれる話をしましょう。

仏教にはすばらしいことがいっぱいあるということを私は披露したいのです。

地獄極楽はありますか。

よく聞かれます。それでいて誰も答えることはできません。でもわざわざ地獄や極楽を探してゆかなくても、私たちの庭にもちゃんと地獄があるのです。蟻地獄といいます。すりばちのように砂を工夫して、その斜面に蟻ときめずとも、あらゆる虫が落ちこみ、這い上るにもそこはすり鉢の底のようですべり落ちてしまうのです。

下には、蟻地獄といわれる虫が待ちかまえていて生血《いきち》を吸うので、この名があります。この憎い怖い奴は、実は幼虫でありまして、これが成虫になりますと、あの、美しい、うすい羽かげろうになるのです。

妙というほかはありませんね。これが自然のままの姿であり、仏智《ぶっち》でもあるのです。うどんげの花といわれるめでたい花は、実はくさかげろうの卵なのです。

第六十九話　遠離《おんり》一切《いっさい》顛倒《てんどう》夢想《むそう》究竟《くぎょう》涅槃《ねはん》

さかさまに見るということのないように、というのですが……。

天の橋立という名所がありまして、昔から日本三景の一つなどといわれますが、そこでは、足を開いて股の下から天の橋立を見るということを、いつのころからか、誰が考えたのか一応みんなが試みてみるという場所であります。

さかさまに見ると、天の橋立の風景が、また一段と趣《おもむき》をかえて見えるというわけです。

顛倒して見てはいけない、と心経には書いてありますが、正しく見た風景と、さかさまに見た風景とは異なるように、私たちも、さかさまに考えたりしがちの面もあります。

その場合は大体、自分に都合のいいように、自分勝手、あるいはかたよったり、捉われたりしている場合が多いので、まあ、物に捉われることなく正しく見なさい（正見）というような意味にとっていいかと思います。

反対の考え、反対の意見をいうものに、天邪鬼《あまのじゃく》というのがいます。

これは、実際に、天邪鬼というものが居るわけではなく、龍というのとおなじように、想像上の生きものでありますが、多分、誰もが見たこともないこの天邪鬼というのは、人のいうことをすべて反対に考え行動する鬼です。鬼といっても角は、一本よりなく、だから鬼でもなく人の形をしていても人ではなく、毛もはえていず、おしっぽもないので動物でもないのです。いつもお不動さんの足にふまれています。何にしても顚倒の考えかたは遠離におしやりましょうというわけです。

私たちの中には、この天邪鬼的なものが、誰にでも多少はあります。

右へゆきましょうというと、いや左が良いといってみたり、中止とみながいっても、一人だけ反対してみたり……そんな人は、私たちには見えなくても、きっと角が一本生えているのかもしれません。

依般若波羅蜜多によって覚《さと》ったものには、不安もありませんと、念をいれて説いてあります。故に涅槃を究竟し永遠の平安を得ましょうというのです。

第七十話　三世諸仏《さんぜしょぶつ》

そこはブバネシュワールというところ。

インドのそのホテルは、たしかオベロイであったかと思います。

ブバネシュワールというところは、いつもそこで思いがけない人に出逢うところであります。ということは、珍らしい人に逢うという因縁が、そのホテルと私の間にあるということでしょうか。

日本の国技である相撲《すもう》の世界を見ていましても、何々力士が、優勝したというと、ああの力士は、以前もそうだった、その場所はあの力士が優勝する因縁があるのだから、といわれているのを耳にします。

一度怪我をした場所では、またやった、などということもあるわけです。

今度は一体、ブバネシュワールでどなたに逢うのでしょうか。

朝食の席で、私は、ふと、一人の人を見つけました。私の存じあげない方ですが、その方は、少しも汚れたところがない人です。こんなに清潔な感じの人があるものだなあ、と、私は、それこそ、まじまじと失礼もかえり見ず眺め入っておりました。

私の視線を感じられたのか。その方も、ふと私の方を見られたものですから、私たちの目があいました。何となく、私たちは目礼をいたしました。

旅行社が、あの方は、日蓮宗のお上人さまです。と教えて下さいました。私は席をたって、それならば、ごあいさつをしましょうと、お上人のおそばへ参りました。

聞くところによると、そのお上人たちは、インドの各地、それにネパールにまで十年も十五年も前からストーパーを建立されているとのことであります。

ストーパーとは、仏の舎利を入れる塔でありまして、誰からも援助を受けることなく、おのおのの裁量《さいりよう》によってお建てになり、それをつくられたお上人たちが、全員各地から、今日、はじめてこの地に集合されるという記念すべき日であるのだということ。

そこで、明日、ぜひお越し下さいとお招きを受けた私は、予定を変更して翌日、同行の塾生たちともどもお伺いすることにいたしました。

そのお寺は、日本山妙法寺オリッサ道場。

昨日お逢いしたお上人をはじめ、老いたるお上人、まだ剃りあとも青い感じの若いお上人など、皆さま一人ずつが昨日とおなじく少しも汚れたところがない方たちには、まったくびっくりいたしました。

伺えば、大変きびしい日々、質素なたたずまいの中で、浴場もないとのこと、ますますおそれ入りました。

日蓮宗は、浄土宗ともども心経を読まない宗旨でありますが、本堂でのおつとめに参加させて頂き、今度は、その方たちの建立されたストーパーへとおつれ下さるというわけです。

例の、あの、うちわのような丸い皷、皮を張った薄い太皷《たいこ》といっていいか、それを打ちつつ私たちの前後にインドのネパールからお集まりのお上人たち。

山の土は埴《はに》の色、全員お衣の色は黄、空の色は青。

口々にお題目を唱和されつつストーパーへと登ってゆきました。

鼓は打楽器のことでありますから、青一色の空の青にともよし、十五、六人のお題目は、

「南無妙法蓮華経」

鼓も、唱和も心の芯にうち響き、天にとどくばかりの響の諧調の中を歩む一歩一歩は、少しずつ山路の土を離れて私たちはあたかも浮上の念でありました。

山を登りつめたところ。お題目は上下四維に満ち満ち、立派なストーパーをめぐり仏陀に礼拝。

ふと、何となく気づく気配。山をこめて、天をこめて、何かがぎっしりとそこに坐し、または、立ち並び、居ならぶひしめきは誰々。

三世諸仏。

たしかに……と、私は心経の三世諸仏依般若波羅蜜多というところを肌近く感じていたのでした。

この時、一人の若い僧を指して、昨日のお上人がいわれました。

「このお山を、インドのお国から頂きましたとき、山の上を平にするためにダイナマイ

トを仕掛けました。一人の子供が、導火線に火をつけて、大いそぎで逃げてくるのです。爆破の前に、安全地帯へ馳けつくのは命がけの仕事でした。その子供が……」

さっき指さされた若い僧は、

「あの時は、子供でしたから、何も考えないで平気でできたのでしょう。いまなら、きっと、恐くてできないかもしれません」

下界を見おろすと、マハ・ナディ川が光って「悠々」を形にしたさまで流れています。あの川が、血で真赤になった時……。

ここからは、例のアショカ王のお話であります。

残忍なアショカ王は戦にあけくれ、ここでも激しい戦があった時、敵味方双方の戦士の流す血で、マハ・ナディ川が真赤になったのを見てアショカ王は、はじめて自分がいままで何をしてきたか、戦争とは何か。人間の道とは何かを翻然と悟り、懺悔《ざんげ》の中から立ちなおって熱心な仏教帰依者になったとのこと。

インドのお札を見ますと、そこに印刷されている「柱頭の獅子」はアショカ王が建てられた例の柱頭の獅子なのです。

いまでも、

心経の三世諸仏というところになると、きまって私はこの時のことを思い出します。三世諸仏の、三世とは、

過去世、現在世、未来世の三世のことであります。

または、一切有為《うい》の諸法の変化（生滅）の過程に、三種の時限のあることであります。

第七十一話　得《とく》阿《あ》耨《のく》多《た》羅《ら》三《さん》藐《みやく》三《さん》菩《ぼ》提《だい》

前項三世諸仏とは、過去世、未来世、現在世の三世のことです。また三が出てきました。ここで出てきた三藐三菩提は完全な仏の悟りとでも訳してよいでしょう。ただし、三にこだわらないように。三世は三に関係がありましたが、ここでは、原語にサンミャクサンボディと出てくる音写です。

関係がないから気にしないでといっても、三密、三宝、のように皆、三に関係があるものもあります。

三密は身、口、意、

三宝は、仏、法、僧。ちなみに、あの頭にこぶがあるみかんを三宝柑といいます。

日本語でも、石の上に三年とか、猿が三匹三さがりなどがあります。日本では調子のよいごろあわせにもちいます。

第七十二話　是《ぜ》大神咒《たいじんしゅ》

どのような手ごわい魔怨《まおん》も
降伏させる大威神力の咒。
咒とは真言。

第七十三話　是《ぜ》大明咒《だいみょうしゅ》

智慧の光明は愚痴《ぐち》
無明《むみょう》 煩悩《ぼんのう》の闇を照らす大明咒。是なり。

第七十四話　是《ぜ》無上呪《むじょうしゅ》

宇宙の真理を現わし、
究竟寂静《くぎょうじゃくじょう》に坐すこの上なき呪。

第七十五話　是《ぜ》無《む》等等呪《とうどうしゅ》

如来をはじめとして、
諸仏と同じ位に入ることができる等々呪。

第七十六話　真実不虚《しんじつふこ》

いま四つの呪《しゅ》を何のことかと軽く書いてみましたが、呪は意味をいちいちくわしく、知らなくてもよいと思います。

知らない方が、むしろ、よろしいかと思います。その理由は後ほど。

これは、大功徳を得る呪でありますが、これを（次の般若心経の呪）信じて唱えれば功徳がありますというのです。

功徳があるなら唱えましょう。と思って唱えても功徳はありません。

唱えて功徳が自然にあるのと、

功徳があるというなら唱えてみようというのでは、まったく意味がちがうことをお分かり下さい。

第七十七話　説般若波羅蜜多咒

ここで咒という新しい言葉を語りましょう。咒は意訳されることがないので、このまま、訳さない方が真実で、ありがたいのが咒です。

咒とは、ちと趣がちがいますが、どこの国の言語、あるいは熟語なども、訳してしまうとまったく意味や、趣が異なってしまうのにやや似ています。

「五里霧中」も「二十キロ霧中」などと訳さない方がよろしいね。

ニュアンスがまったくがちがってしまいます。

そうそう、このニュアンスは、みな、平気でつかっていますが、日本語に訳して、「それは微妙な感じのちがいですね」と訳すよりは、

それこそニュアンスそのままが分かりやすいでしょう。

さらに次へ。

第七十八話　日本の咒

咒とは……、
まじない、
おいのり、
マントラ、
真言。
いろんないいかたがありますが、日本にも咒があるので一つ御披露いたしましょう。
あれはいせ、
これはいせ、
いやーとこせ、
何かお分かりですか。これは伊勢音頭です。
お伊勢さま、つまり伊勢神宮へお詣りの道中の音頭《おんど》ですが、これは咒で神をたたえるものであります。
あれはいせー　　……あれは伊勢、
これはいせー　　……これは伊勢、
いやーとこせー　……弥遠栄えます伊勢、
神を讃え、神へ祈る祝詞《のりと》であったり、神事であったりいたします。
心経のはマントラと申します。
日本語ではこれを真言といいます。
よいこーら……というのもあります。
これは、こら！　と子供を叱るのではなく、船端をたたいて、遠泳の子供たちを、
「よき児ら」
とはげます言葉です。
咒には、印というのを結んで、真言を唱えます。印とは、印契《いんげい》ともいい真言を唱えつつ
印を結びます。

第七十九話　アマゾンの呪曰《じゅわく》

「いいえ、私は薬は飲まないので……」

「まあ、薬といってもあの薬とはちがうのです。だから」

アマゾンで、私は、こういった言葉をとりかわして、領事さんにつれられて薬屋へゆきました。

「ここなのですがね」

案内されたところは、間口が一メートル位のせまい入口の細長い家です。

入口の両側には、男神と女神が左右にひかえ、その顔のおどろおどろしいこと。

「まあ、お入りになってみて下さい」

いわれて一歩ふみこむと、左右のせまい机の上に瓶《びん》がならんでいて、瓶の中には得体の知れない液体、何かの黒焼き、狂乱のようにもつれた草の根。

「へえ、これがお薬？」

「一つ、おみやげに何か如何ですか。これは惚《ほ》れ薬です。こっちの方は人を呪い殺すための薬です」

でも、ただ、薬を手に入れるだけでは駄目だそうです。

まず、呪文を覚え、その呪文も、目的によってみなちがうそうですが、口に呪曰を唱えつつ、薬を燻《くん》じることによって効果が現われるというわけだそうです。

人間には、いろんな欲望があるものです。身分不相応な大それた願望。

闇の願望は報復のために、自分の手を下さずに相手を殺《あや》めたいという願いです。

この二つの欲望から人間がのがれることができれば人はもっと平和に、安らぐことができるのですが……。

アマゾンで、現在もおこなわれているこの呪曰は、何という意味なのか、呪術師も知らないし、また誰も知ろうとしません。

心経の咒が、原文のまま唱えるということになっているのが、何となく分かるような気がいたします。

第八十話　ヨーロッパの咒

なぜ次々と咒の話をするかといいますと、咒曰は、シャーマンの咒曰をはじめとして、古くから世界中に咒はあり、すべてそれらは生きてゆくものの心の中に大変根深く入りこんで私たちといっしょに生きてきたものであるからです。

これをおまじない……という時は願望につながり、呪いという時は罪の色ふかく、願望や愛よりは、呪いの方により情熱をもやすものが人間であります。

アンデルセンが創った童話に人魚姫の物語があります。

人魚姫は人間の王子に恋をします。

王子に逢いにゆきたいために、森深くわけ入って魔法使いを訪ねてゆくのです。そして、自分の魚の尾をとり去り、代わりに、人間の足がほしいといいます。

魔法使いのお婆さんは姫の願いを叶え、魚の尾をとって足をつけてくれます。この魔法使いは、シャーマンであって、呪術を施すわけであります。

シャーマニズムというと、原始的な匂いが強く、心経は、原始的宗教ではなく、もっと高度な宇宙論や空間論によるものだと、お叱りを受けるかもしれませんが、大きくいって原始的神秘主義と無関係とはいえないわけであります。それは私たちの、体の中を流れる血と、生きてゆく生命の二つに直結しているからです。

シャーマニズムのシャーマンは、術を施す人のことですが、心経では、私たちは、私自身で曰《とな》えるわけであります。世界の咒はサンスクリットとシュラマナ（すなわち沙門——出家）から出たという説もあるくらいです。

そこで心経の咒を原文で読ませる訳者の伝統を現在も守ってきているわけでありますが、何といっても、サンスクリットの原文をそれに似た音写で書かれた漢文を、日本語で読むのですから、ギャアテイ、ギャアテイとなるので、ここでは、原文に近い音を、私は日本語で、それもカタカナでなく、万葉仮名風で書いてみようと思っています。

万葉仮名と、原文とは、漢訳と同じくまったく、意味の上では無関係であることも、おことわりしておきます。

第八十一話　万葉仮名の咒

原文に近い万葉仮名風の咒に。

我《ガー》呈《テイ》我《ガー》呈《テイ》巴《パー》羅《ラ》我《ガ》呈《テイ》巴《バ》羅《ラ》参《サン》我《ガ》呈《テイ》暮《ボ》泥《ディ》春《ス》場《バ》派《ハ》

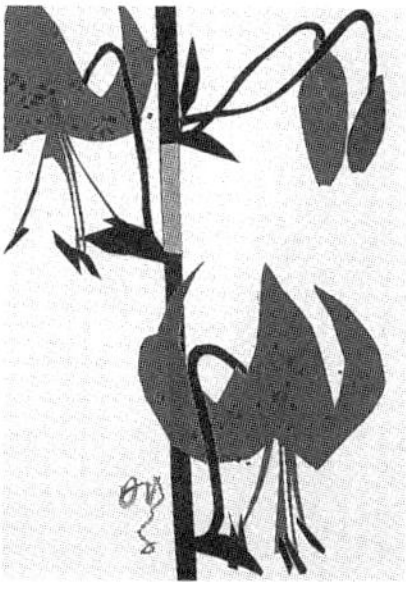

第八十二話　般若波羅蜜多の咒

苦の海を越えて、
波羅蜜の船、
彼の岸に着きたり、
自他の利、おのずからなり、
成就に、
幸あれ、
般若心経。

第八十三話　説きおわりましたが……

心経を説きおわりました。
はじめの方を、思い出してみて下さい。
色
受想行識
この二行を覚えておられますか。
色は形あるもの、でありましたね。
私たちも「色」であります。
受想行識
これは精神界と思って下さい。
私たちの身体に食べ物や、栄養が要るように、心にも、食べ物や、栄養が必要です。
心経は、心の方の食べ物でありました。

心経の解説を読みおわったからといって、決して理解できたというわけではないのです。食べ物も、腹いっぱい食べたからといって、それがすぐ血となり、肉となるわけではありません。うっかりすると、下痢をしたりいたします。

心の食事である心経も、読みおわったからといって、うっかり分かった気になってしまうと消化不良をおこしたりしないとはいえません。

むしろ、このあとがいままでよりも大切なところであるかとも思います。

さあ、心経は、あなたにとって、それは山でありましたか。あるいは、平坦な道であったでしょうか。

第二十一話でも申しましたように、般若心経は大般若経という、お経の中で一番長い六百巻というお経を短くしたものだというのです。長い長いお経を短くしたので字数は二百六十二字であっても、おいそれと分からないのは当然なのです。

むかし、さる人が、良寛さまにお尋ねしました。

「勉強したいと思いますが、何を読んだらいいでしょうか」

良寛さまがおっしゃいました。

「万葉をお読みなさい、万葉を」

聞いた人がいいました。

「良寛さま、万葉はむつかしくて、私には全部は分からないと思うのですが……」

良寛さまがいわれました。

「全部は分からなくても、分かるだけでいいのですよ」

如何ですか。

般若心経も短いから、分かりやすいと思いちがいをしないで下さい。短いということは、分かりやすいということではないのです。

分かるところだけでも分かればいいのではないでしょうか。

心経は、大般若経を縮めたものだから、短くしたのでかえって分かりにくいというと、それでは、大般若経六百巻を全部読んだら、心経が分かりますかと聞かれると、これまたこまったことになるのですが。

昔、慈円《じえん》という大僧正がいらっしゃいました。慈円僧都《そうず》が比叡山の座主《ざす》であったころ、二百人のお坊さんを集めて、一人が三巻ずつ大般若経を誦《よ》んで、それでも六百巻を手わけしてもどれだけながかったでしょう。六百巻を読むだけでも大変なのに、六百巻を読破することはなかなかのことであります。

少しだけでも、分かるだけでいいではないですかというと、いやいや全部分かりたいのですと駄々をこねる人も出てくるかもしれません。

そんな無理をいうなら、あなたは、あなた自身を分かっていますか。

「自分のことだから、自分が一番よく分かっています」

とあなたはいえますか。一番よく分かっている「自分」が、実は自分を一番分かっていないということが多いものなのです。

ピアノ弾きは、誰より上手に弾けたからといって、音楽が分かっていないことが往々あります。

だから正岡子規という方が、

「歌よみの歌」

「字かきの書」

とお叱りになったのはここです。

大般若経は、心経の母のようなものだと私は思います。と、すると、大般若経から生まれた心経は、大般若経の娘ということになります。大般若経を一巻さえもひもとかずに、心経を説かれる人があったら、母親の顔も見ないで娘さんをお嫁さんにもらったようなものかな、と私は思います。

正しく楽しく美しく生きぬいた人は、正しく楽しく美しい死がおとずれます。死と生は別々のものではありません。

もし、つらい、悲しい死にざまになっても、藪医者《やぶいしゃ》のせいだとか、家族が不親切であったとか、人のせいにはできません。すべて、あなたの生きかたが、そのままに死の姿となるのですから。それを酷ないい方で、自業自得と申します。

第八十四話　お受けしましょう

あなたは、とてもお幸《しあわせ》のはずであります。はずであっても、時々いらいらしませんか。わけもなく、やたらに腹がたったりしませんか。もしも、そうだったら、あなたはもう、御老体なのです。え？　まだ若いって？　「若い」「老体」は年齢ではないのです。

心経をお読みになったら、分かっているはずですが、広大な、そして無辺な恵みをあなたが受けることになっているのですが……。

広大とはひろくあまねくです。恵みを受ける人と、受けない人があるということでなくみんな、頂くことになっています。広大、無辺とは、そういうことです。

宝くじは、広大無辺ではありません。

恵みを受けるという、その恵みも、金銀瑠璃《るり》とくるとお経にある宝ですが、私たちへの恵みはすばらしい品物、ほしいといつも思っているあれです。またはお金など。

あるいは、形でないもの、安らかな日々。どこにいても変わりない安定、人にやさしくできる思いやりの心。または、あなたが、どこかへやってしまった微笑も頂けるでしょう。

さてその方法ですが、いま、お話しいたしましょう。

いつも、ふと思い出したら般若心経の咒を唱えて下さい。心の中で結構です。

わざわざ大きい声でなくても。

誰もいないところなら、大声で唱えて下さい。まあ、やってみて下さい。とてもさわやかで楽しいものだと分かります。

何か、お恵みを、頼むときだけマントラを誦すというのでなく、いつでも、どこでも心経といっしょに居て下さい。

何か恵みごとを頼む時だけでは、あまりに身勝手と思うでしょう。マントラは、心経の漢訳でもよろしいし、サンスクリットの原語に近い私の考えた万葉仮名の咒でも、好な方を誦して下さい。無論そのくらいの真言を、本を見ながらでなく、どうぞ、ぜひに覚えて下さい。どこでででも誦せるように。

第八十五話　両手を受けましょう

お受けする準備ができたらどうぞ。ただし、両手を受けて下さい。

片手より両手の方がたくさん頂けるからではありません。

なぜ、手を受けるのでしょうか。

あなたはいままで、いろんな方法でお願いごとなどをして、叶ったことがありましたか。

もしもあなたが何かを願って叶えられなかったら多分それは両手を受けなかったからです。

せっかく叶えて頂いて、それが頂けたのにあなたが手を受けていないものだから、賜ったものは土に落ちてしまったではありませんか。さあ、両手を受けて見て下さい。

それだけでいいのです。何もいわなくてもお賽銭《さいせん》など出さなくてもあなたの願いごとはちゃんと分かって頂いているはずです。

あなたが、両手を受けて、願いごとをした時、それが、叶えられたことを想像してみて下さい。嬉しくて、きっと、胸がいっぱいになって涙がこぼれるでしょう。もし、そうなったら、願いごとは叶えられたとおなじことです。あとは、毎日、待つ楽しみだけ。

なぜ、両手を受けますか。私たちが、両手を掌《てのひら》を上にして差し出した時、静脈《じょうみゃく》があらわに見えているでしょう。静脈をかみそりで切ると死ぬことができます。私たちの、一番危険なところを差し出しているのです。掌を上に差し出すことは、すべてをおまかせしたという姿なのであります。

外国でも降参というときは必ず掌を敵にむけて無抵抗を知らすわけです。

願をかけなくても、頂いている大切なものの中に空気があります。人間は食物と空気で生きています。食物のことは何かと心をくだいて工夫しますが、生命に一番大切な空気の方は一向おかまいなしのようです。お礼さえいわない人がほとんどです。

アンデスに登りました時、高山病にならなかったのは私一人だけでした。いつも、大きい声でマントラを誦して呼吸をととのえているからだと思います。願いごとが叶ったらどうぞ、お礼をいうことを忘れないで。

第八十六話　三宝

お寺があります。

古いお寺であれば、回廊も歩けば、ことことと音がします。

御本尊は国宝の如来さまであったり、十一面観音もいられるでしょうし、十二神将もならんでいる場合もあります。

正面から御本尊を拝することができるお寺もあります。

その正面にお賽銭箱があります。

その前で女性たちが高声で話しているのが自然と耳に入ってきます。

「あら、こまかいお金がないわ、こまったこと。あなた、小さいのをお持ち?」

「ええ、ありますよ。はい、どうぞ」

「すみませんねえ、ありがとうよ」

そしてお礼をいった女性は、ちゃらり、と音をさせてお賽銭箱に投げました。

私はそれを見、聞き、して考えました。

なぜ、小さいお金でなくてはいけなかったのでしょうか。友だちに借りてまで。一円、五円、十円がなければ、五十円でも百円でもよかったのではないでしょうか。

辞典を引いてみますと、お賽銭とは神仏に参詣したときに供える金、とありました。

恵んであげる金でなく、まして、投げてやる金でなく、供える金とあるのは、誰に供えるのでしょうか。

お賽銭箱のお金は僧が、仏の教えをひろめ、お寺を守るために使うお金です。それは、同時に仏に、供えられるお金であります。

三宝という言葉があります。仏と、法と、僧の三つは宝として尊ばれてきました。日本が、本当に豊かな国であるならば、心も豊かでありたいと思います。

もう一度、ここいらで、ゆっくりと、考えなおさなくてはいけないことが、あるような……気がしませんか。

第八十七話　「空」の路線

さて空。
またも空。
もう一度空。
どこまでも空。
空は、青い。

第八十八話　捉われ人

捉《とら》われること、
気づかずに、
捉われていることを、やめられませんか。
簡単に、
我を忘れるあの時のように。

第八十九話　因果図

柿の実が一つ残っています。
鳥がきて、とまっています。
どちらも、黙っています。

第九十話　因縁八題（蜘蛛《くも》が死ぬ時）

なま暖かい雨が降る日でした。

洗面所に蜘蛛が入りこんで、白い壁に図案のように張りついています。

洗面所のドアを閉める音に驚いて足は動かさずにふわアと横に這《は》いました。

もう一度、ふわアと少し動きました。わりに大きい蜘蛛です。

直径が六センチくらいかな。別にどうといって変わったことのない、何のへんてつもない普通の蜘蛛です。

私は一度閉めたドアを開けて、

「戸外へ出ていきなさい。ここにいても、閉じこめられるだけよ」

そう、いい聞かせて洗顔し、髪も結い、壁に目をやると、さっきの蜘蛛太郎は影もありません。私はドアを閉めました。

ただ、これだけのことでした。

これはぬくい雨の降る朝のことでありました。

雨は、一日中降っていました。

午後、私は二階へ上がって……、そこは仕事場です。私は、もう、春がくるのだと思いながら、それにしても、この前の一週間は、どうしてあんなに寒かったのだろう、と思ったりもしました。そしてこの日は暮れました。

夜、私は、二階の部屋をかたづけるためにまた、さっきの二階の仕事部屋へと一段ずつ階段を数えるように上がります。

部屋の、さっきまで坐っていた座布団を持ちあげると、そこに、蜘蛛が死んでいました。ぺたんこになって、つぶれもせずに死んでいました。

さっきの、あの、朝の、洗面所の蜘蛛か、な、と眺め入りました。あの蜘蛛太郎であるのか、別の蜘蛛助かもしれないし、それは誰にも分からないことです。人間の顔ならば一度逢えば、二度目は、いつか逢ったかはじめてかということが分かるのですが、どうも蜘蛛の顔はどれもおなじに見えるので……。

なぜ……あの蜘蛛は、やはり、洗面所の蜘蛛太郎だったのでしょうか。どうして私の坐る布団を知っていてその下に入りこんでいたのでしょうか。私のいいたいことは……。

私の体の下敷になって死ぬ一つの因縁をあの蜘蛛は持っていたのです。

あの蜘蛛は、私が殺したのです。私の意志でなく。そして、あの蜘蛛は、少なくとも朝、人間にいたわられ、声をかけられて、次の世では、蜘蛛よりも、もっと段のあがったものに生まれてくるにちがいない、と私は、私一人でそう思いました。

こんな、ささいなことさえ、因縁によるものだということを分かって下さるでしょうか。

その夜は、赤いお月さまが昇りました。

屋上から、誰かが飛び降りました。

その下を通っていた人が、その、屋上から降ってきた人の下敷になって死にました。

偶然に、こんなことがおきたと、いうことはないのです。そのような、因があったのでこの必然がおこったのです。

こんな、突発的なことでなくとも、日常のささいなことでも、すぐ、人のせいにする人があります。その原因は、いつもあなたにあるのですから、他人を責めてはいけません。この道理が分かると、いつも人を恨んだり、怒ったりすることもなく、あなたは安らかになります。それが「度一切空厄」の「度」であります。

第九十一話　因縁八題(椿の花は)

庭に一本の大きい椿の樹があります。

いつからあるのか私は知りません。

私が、一人の知りあいもないこの山梨の、七百五十メートル（海抜）の山地にきた時から、この樹はちゃんとありました。

花が咲くのを待つ間もなく、十日を待たず椿は咲きました。

椿は、私の好きな紅椿でした。椿は、私の好みのひとえの椿でありました。

この家にひっこしてきて、初めての早春といってもまだそれは暦の上だけで、一月は霜柱がたつ名ばかりの春でありました。

寒椿は、寒いともいわずに美しく開きましたが、どうしましょう。花は、葉の裏側に咲いているのです。みんな。

咲く花はどの花も、

次々と葉の、裏側に開いてゆくのです。

この家に住んで居た方がいわれました。ずっと、むかしから、この椿は、裏に花がつくのです、と。

椿の樹のそばによって、私は幹をたたいて小さい声でいいました。

「ね、表へ出て、葉の裏から出てきて、表に咲くのよ」

そして花のことは忘れていましたが、翌年、

また、椿は葉の裏に花が咲きました。

私は、また何度かそばによっていいました。

「部屋にいけると、花が裏で見えないのよ。花が見えると葉の裏が見えたりで、ね」

翌年椿の花の半分は花が表へ出ました。

私と、花の因縁を考えても、私には何も思いあたることがありません。

でも、花は、どうして私の声が分かったのでしょうか。こんな話をする私をおかしな人だと、あなたは思いますか。

第九十二話　因縁八題(馬追虫)

私の創る絵を「草絵《くさえ》」といいます。この本は、絵のことを書く本でないのですが、私は、絵のことを書いてみましょう。

色紙に、竹をつくりましょう。

竹の幹は、本当に、きれいです。色といい、艶《つや》といい、とくに今年生えた竹は。

すばらしい竹を、本当の竹に似た竹をつくっても、それは竹の模写になってしまったりするので、私は、まねでない、竹をつくりましょう。

本当の竹の美しさを、絵でないと表現できない美しさでつくってみようと考えます。

私だけでなく、絵を描く人なら、誰でもそう思っているでしょう。できるできないは別として。

竹をつくっているうちに、部屋に夕暮れがきました。

私も、竹も、いっしょに暮れましょう。

部屋に電気をつけました。
私は、電気のともった部屋で竹の絵をつくります。
と、どこかで、何かがいるのです。
人ではありません。猫がきているわけでもなく、ただ、何かがいるのです。
チッと、舌うちをするような音がします。
見つけました。虫が、梁《はり》にとまっています。見るとそれは若い馬追虫でありました。
私は絵を仕上げて出窓におき、すっかり暮れた部屋に坐っていました。
そんな時、何を考えるでもなく、考えないでもなく……。
チッ、チッと舌うちのような小さい小さい声で馬追虫が鳴きました。
あら、私の作った竹の絵の、竹の葉に、馬追虫がちゃんと、とまっているのです。
私は、
音をたてないようにそっと部屋を出ました。
竹と、虫をおいて。

第九十三話　因縁八題（むかでの冬ごもり）

暇ができると私は大般若経を写しています。暇がないときは少しだけの暇をつくって一字でも書いています。

どんなところで書いているかといいますと蔵の中で書いています。

蔵の床に畳を敷いて、机は二月堂。

まもなく冬がくるという日、太いむかでがガさごそとやってきました。

どこへゆくかと見ていますと、私の写経の畳のぐるりをまわりはじめ、私の坐っているすぐ右側の畳と床の間へ堂々と入ってゆきました。

あまり堂々として入っていったので、私もとがめだてをせず、ここで冬ごもりかと、畳の中へ語りかけてみましたが、無論、返事はありません。

蔵の中は、冬は暖かく、夏は涼しいのです。

そんなあたりまえのことでも、知っている人は少ないようです。第一、いまの住宅には蔵などありません。

それを、むかでは、ちゃんと知っていたのです。

写経をしながら、ふと、時に、私は私の坐っている畳の下にむかでが冬ごもりをしていることを思ってみたりすることがないではありません。

冬の寒さも、あまり寒すぎては霜柱も立ちません。大きい自然界は、ごく、ささいな、何か小さい一つが欠けても成立もしないし、生も死もなりゆきにまかせるほかはないようです。

春がきても、私はすっかりむかでのことは忘れています。

春の、何月ころでしょうか。私が、ティッシュペーパーを取ろうとして、何となく、けはいを感じて手をひっこめて目をやると、ティッシュの箱から、一枚のティッシュが顔を出しています。その三角に顔を出したティッシュペーパーの先にのぼって、例のむかでが天下を見おろすように首をというか体をくねらせているではありませんか。

もう少しで、私はティッシュをつかむつもりでむかでをつかむところでした。

「冬ごもりがすんだのか」

と私は、むかでにいいながら、畑では、さつまいもの葉が出はじめたのだなと思います。

なぜ、さつまいもなのでしょうか。

それは、むかでに嚙まれると、とても痛くて、大きく腫《は》れて何の葉をつけても効かないということですが、さつまいもの葉をもんでつけると、すぐなおるそうです。

そこで、

さつまいもの葉が顔を出さないかぎり、むかでは出てこないと農家では申します。

誰かと誰かが、いつ、どこで、どんな相談やとりきめをしたのでしょうか。

お釈迦さまは、バラモンの教理をはじめは学ばれましたが、バラモン教と仏教のちがいは、バラモン教にはカースト制がありますが仏教では、生きとし生けるものは、みな、平等だといい出されたところからお釈迦さまの本命がはじまります。虫たちをみるごとに、

私は、お前も、生きとし生けるものだな、と呼びかけたくなります。

凡と聖とが不二どころか、私たちは、そして虫けらまでもみな、平等に生きとし生ける

ものなのですね。心経は死者のためでなく、生きるもののお経であります。そしてそれは
慈悲のお経であるのです。

第九十四話　因縁八題(蛍《ほたる》が生まれる匂いがします)

「もう、今日蛍が生まれます」

こう私がいうと、農家の人々は、梅雨があけなくては蛍は出ませんという。

「でも、蛍が生まれる匂いがするもの」

と私。

やっと日が暮れるころ、私たちは二分ほどのところまで歩いて蛍を見にゆきます。まだ少し暮れ残る西空、雨が残っているけはい。

いつもの、蛍の出るところにゆく道で、きっと鈴虫が鳴く石垣があります。今日も、鈴虫が鳴いています。やっぱり、ここ、この石垣のほとり。私たちが近づく足音にも鳴き止むことなく、鈴ふる虫の鈴の音の冴えていること。

蛍を見る土手にくると、それごらん、ちゃんと蛍がいるでしょうが……蛍の生まれる匂いがしたのだものと、私はみんなをみわたします。

「蛍の生まれる匂いってどんな匂い?」

こんなものを聞かれても、私は笑っているだけ。

ある晩に、私は、例の、あの蛍の生まれる匂いに大急ぎで庭に降り立ちました。

私の家の庭にその匂いがするのです。その晩、蛍が、くさむらから、こぼれた星が空へ返ってゆくように、また、遠い思い出の中の合図のように一つ、二つ、三つ、もっと、七つばかりが、空気が、灯になって点《とも》っているように浮上したことでありました。

何年間も土の中か、水の中かは知りませんがひそんでいて、やっと何日かの短い生命の灯を点しに生まれる蛍。私は蛍の絵にそえて書きましょう。

「ほたるは、
草の葉の露から生まれる。

または、女のなみだからも生まれる」

蛍の背負う因縁の歌として。

第九十五話　因縁八題（獅子の王）

帝釈天のことを獅子の王と呼びます。一番強い王という意味です。

アフリカにゆきました。

獅子の王は狩をしません。

食べ物として、他の動物をおそって狩をするのは雌《めす》の獅子であります。

その時、雌の獅子はヌーをしとめました。戦がはげしかったとみえ、雌の獅子も傷を負っていました。夫の獅子を呼びにゆきます。

「あなた、夕食の用意ができましたわ」と人間なら、こういうところでしょう。

雄の獅子は、たてがみを波うたせて悠然と獲物《えもの》に近づき、おいしいところから食べはじめます。雌獅子と、子獅子はこれを眺めています。雄の食事がすむと、今度は雌獅子と、子獅子が旺盛な食欲を見せます。このころになると、親子獅子のまわりを、ハイエナが、うろり、ちょろりといたします。

母子が満腹になりますと、今度は、ハイエナが群がって食いちぎりの競争です。彼等の群の上空には、禿鷹《はげたか》が舞っております。

最後には、禿鷹が血の一滴さえも残しません。

これだけの礼節と秩序が守られて、ヌーの一頭が骨だけになり広野に夕陽が沈みます。

「何ごともなく、平和に今日もおわった」

と帝釈天は仰せになったはずであります。

アフリカのサバンナを歩いて、私たちは、いろいろの獣や鳥に逢いました。

秩序とは何か。

法とは何か。

誰もがこしらえたり、きめたりしないところに仏の法が、なにげなく、さりげなく行われているのを見ました。

それが、アフリカでありました。

第九十六話　因縁八題（はたざお）

中庭には、どくだみを育てています。どくだみがはびこると雑草が生えないのです。それに、かんぬきをはずして、中庭への門の戸を開けると、どくだみの花がいっせいに咲いて外の庭も、中の庭も花ざかりになるのを私は、うちの十字軍と名づけています。

どくだみの中に、一本、見なれない草が生えました。この一本の他には、雑草が生えないのでとても目立つ一本です。

ぶっきらぼうの先端に十字形の米粒よりも小さい花が咲き、花がすむと、披針形《ひしんけい》の葉でもなく針でもないものが残るのです。何の草かと、長い時間をかけて、やっと植物図鑑のすみから見つけた名前は、「はたざお」でありました。

なるほど、なるほど、芯棒《しんぼう》に、針ほどの細い旗をかかげる茎とも葉ともつかぬその針に誰が旗を掲揚するのでしょうか。

どんな旗をかかげるかと考えても、さしづめ、鈴虫や、轡虫《くつわむし》やこおろぎたちの旗にちがいありません。

でも、虫たちは、多分、旗を持っていないでしょう。もしも、虫たちが頼みにきたならば、私は、虫たちの旗の図案をつくってやろうと思っています。

小さい因縁ばなしをこれで七つ書きました。

お読み下さったみなさんは、ああ、何て、世の中には暇人がいるものだなと、私のことをそう思われるにちがいありません。私はとても多忙な日々をおくっています。十五日間に七、八十の図案をつくる月があります。その図案は、鈴虫や、こおろぎの旗の図案ではなく、ハンカチーフや、風呂敷や、便箋《びんせん》などの絵です。

一年に一回東京セントラル美術館というところで絵の個展をいたします。約三百坪あるということですが、そこの壁面を埋めてたくさんの創作をいたします。毎年、毎年新作をいたしまして、年一回ですから、今年は十七回目の展示会です。大きい絵は六メートルくらい。小さい絵は百点もつくります。

その間に外国へも思いたったらすぐに出かけます。

一日に三組以上はお客がみえます。

食事の時間がくると一人で十人前位はいつでもつくります。

洗濯もいたします。アイロンもかけましょう。着る物も時には縫いましょう。

出版物を頼まれれば（たとえばこの本）一冊の本のために三百枚から四百枚の原稿を書きます。この他にまだまだ、もっと。

こんなことをして、もう八十年以上生きました。めがねも要りません。

足腰も丈夫です。

どうして？

心経風にいえば、次のようになります。

暇などはあるものでなく、つくるものです。

多忙の中に暇があるのです。

多忙の中の五分間は一時間であることが分かる日があります。一時間でなく、生涯であることもあります。

でも長い生涯は人によっては一瞬です。
あなたも、
私も、
平等に一日は二十四時間頂いております。

第九十七話　因縁八題（犬はお使者）

提灯を点して、私たちは十二、三人いたでしょうか。夜の道を歩いてゆきます。

道は石だたみが続いている道です。この道は奥の院へお詣りする参道であります。

提灯には、筆太に「普賢院」の字が入っています。ここは高野山。

提灯を持つ人。たかく、かかげ持ち……、
そのそばを歩く人。それは私。

私の、となりにいる人。それは普賢院の昭子奥さま。

そのあとに十人位が塾生。今夜同行のお詣りの人々。

まだ、中の橋にも着かないうちに杉の木立が晴れて月が出ました。こよい十六夜です。

何という明るさでしょう。もう提灯の火をけして、皆、黙って、何となく楽しく胸いっぱいなので誰もが黙ったまんま。

中の橋を渡ったとたんに、急に一匹の犬がどこからか飛んできて、私のまわりにまといついて、犬を踏みそうな位、私にすりよって声をたてて、鳴くでもなく、訴えるでもなく。
みなみな立ちどまって、
私も立ちどまって、
これは何としたことでしょう。
ときに私を見上げては、鳴くでもなく、訴えるでもなく……、
どうしたのお前は、
お前はどこからきたの、
なぜ離れずにまといつくの、お前は……、
犬は、立ちどまって私を見上げます。
私は、不思議な犬にむかって話かけているのです。
私が黙ると犬はまた鳴くでもなく訴えるでもなく私の身のまわりにまといついて、私の
まわりをまわるのです。
もうやめて、お前は……、

ああ、もしかしたらお前はお大師さまのお使いなのかしら。

なぜ私が、こう犬にいったのか私には分かりません。この言葉は、ごく自然に私の口から出たのですから。

犬は私を見上げています。

分かったわ、よく。

何度か犬にうなずいてみると、犬は早足に私たちをさも案内するかのように調子よく歩きはじめたのです。

ごく、あたりまえのことのように、私たちは犬にみちびかれて……私にとって今ははじめてきた参道ではないのですが、心新しく、いま、はじめて奥の院へゆくような心地になっていたのですから。これも妙なことでありました。

弘法大師は玉川にかかる奥の橋へお迎えにきて下さるといい伝えられています。そこで、高野では奥の橋を渡る前に参詣人は立ちどまって、ごあいさつをしてから橋を渡るならわしになっています。こんなことをいつも、六十何年もくりかえしいっているので、つい、犬があまりまといつくので、お大師さまのお使いが、私を迎えにきてくれたのか、と犬にいったことが、どうやらあたったようであるような、ないようような……。

犬は何度か立ちどまって、あとふりかえり私が、うなづくと、また、したり顔に歩きはじめるのです。

奥の橋についたので、いつものように塾生に、この橋まで、お大師さまがお迎えにきて下さるといういい伝えですが、今日は、中の橋まで犬をお使いとしてお迎え下さいましたのです。あなたたちは、こんなことを本当にそうだと思えますか。

誰も一人だって返事をしません。

私のいうことはおかしいと思いますか。そんな、犬をお使いに差しむけて下さったということを、信じますか。

今度も、誰も返事をしません。

でもごらん。あの犬は、私がこうして立ちどまって、みなに話をしている間、ああしてちゃんと坐っているではありませんか。

さて翌日、昼間、私たちはゆうべのあの犬に出逢いました。

ゆうべの犬よ、

お大師さまのお使いの犬。

みなは口々にそういったのは、昨夜の犬を本当にお大師さまのお使いだと信じているらしいのです。犬を呼んでも、あの忠実なゆうべの犬は、私たちの呼び声に、ちらと私たちを見ただけで、まったく縁のない人間、見ず知らずの人間を見る目で私たちを、ちらと見た以外には無関心であったのです。

やっぱり……ゆうべ、中の橋を渡ったあの時から、奥の院へ入ってまた、中の橋へ返ってくる間だけ、あの犬はお大師さまが、御自分のお使者として、夜のあの時間だけあの犬をお使いになったのだということだったのでしょう。

その後、高野山へお詣りにゆく年は、きっと杉の木立から降るように犬が私たちの前に立って案内するのです。犬は、その年によって、いつもおなじ犬であることはないのです。

これも、因縁といっていいのでしょうか。千百年も前から、私は、お大師さまとどういう因縁で結ばれていたのでしょうか。

ただ、いえることは、いつも、仏さまでも観音さまでも、悟りを開いた立派な人のところへはお姿をお見せになったり奇跡を顕したりはなさらなかったということです。

仏さまや観音さまだけでなく、マリアさまがポルトガルのファティマという農村で、親のない兄妹のところへ何度もお姿をお見せになり、ファティマは、ローマ法王より巡礼寺に指定されたりしています。

ファティマへは、私も何度か塾生をつれてお詣りにゆきました。

巡礼寺ですから、皆々お詣りの人は何日も歩いてゆくのは、日本でも八十八ヶ所に、お遍路さんとなって白い着物を着て、鈴をならしてごく最近までお寺めぐりをしたものです。

ポルトガルでも、世界中からカトリックの信者さんたちが寝具までかついで道をゆくさまを何度か見かけました。

歩いてゆくには、アルカセールという町あたりから歩きはじめます。イタリーからくる人たちも、ローマなどから歩いてこないで、まず、ポルトガルにきて、アルカセール、というところから歩くうち、日も暮れ、泊ることになるので、トマール、というところで泊ります。ここまでくると、明日はもう、ファティマです。こんなことを現地で塾生に話すと、ほんとう？　とみんなが聞きます。

だって、歩かせるから歩いて、泊るというところで泊るのだというと、あまり話ができすぎている……多分本当ではないにちがいないと、わざわざ地図をかって、アルカセール、と、トマールを見つけた人もあります。私は新しい場所へゆく時に、いつも先に地図を見ます。地図を見るのは、もう、旅をしているのとおなじ思いに浸ることができるものです。ファティマのお祭りの夜には、信者たちが点し、かかげる灯（ろうそく）で、夜の寺院は灯の海になるのです。

私のところへ、どうしてお大師さまが犬をお使いとしてよこして下さったかということは、先にも書きましたように、仏や神たちは決して立派な悟りを開いた人のところへはお姿をお見せにならないようなのですが、私もできが悪いところへ、おろかなものであり、両親の名も顔も知らないような人間なので、お大師さまがいとしんで下さったのにちがいないと思っています。
その他に、これといってお大師さまが犬を使わして下さる因縁を私は持ちあわせてはいないのですが、犬といえば、お大師さまがはじめてこの高野山を帝から賜られた時、狩場明神が、狩人の姿に身をやつし、白と黒の二匹の犬とともに道案内をされたという伝説があるのも犬を使わされた一つの因であるかもしれません。
何の因であろうと、
どんななりゆきであろうと御縁を頂き、
ただ、
私にとっては、
本当に、うれしいばかりであります。

第九十八話　信じるということができますか

長い人生。

気がついた時は、父母の子としてあなたは生まれてきたのです。

父母も、子供も、お互いが選びあうことはできません。結婚したことによって、自然に恵まれた子供であり、子供も、自分の父母をとりかえることはできません。

子供は成長して伴侶を見つけます。

自分で見つける人もあります。

他人や、友人や、親が見つけることもあります。

たとえ、誰が見つけたとしても、決定するのは自分自身です。

決定にふみきる根本には何がありましたか。

信じることです。

この人となら、きっと生涯ともに暮らせるということが信じられたからです。

結婚は冒険であります。何も確証はありません。あなたが信じること以外には。
カトリック教でも、信じること。この一つを母胎としています。
マリアが処女でキリストを生んだり、キリストが水の上を素足で歩けたり、それらは信じること以外に、真実ではあり得ないのであります。
信じることによって、磔《はりつけ》にあったり、火あぶりの刑を受けたり、しかも、喜びと希望さえもってこのようなことが受けられるのは信じることができるからです。
南無阿弥陀仏の六字を称名する浄土教も仏を信じることによって信仰は可能となります。
あなたが、人から信じて頂ける人でありますように。
それよりも、
何よりもかよりも、
まず、
あなたが、あなた自身を信じることのできるお方で、ありますように。

第九十九話　ここまできました

ここまでお読み頂けたら、
もう、
話すことはありません。
あとは何も考えないで、
ありのままのあなたで、
どうぞ、
心経をお読み下さいませ。
心経より私たちに流れるものは「慈悲」であります。
私たちがうける心は「すなお」という心で。

第百話　合掌

あなたの手の中に、仏がおられます。
あなたは自分の力で、手が動くと思ってはいないでしょうね。
あなたの足にも、
あなたの胸にも、
仏さまがおられます。
全智の仏に帰依《きえ》、合掌したてまつります。
そして、
あなたに、
合掌いたします。

あとがき

紅を水で薄めた色に富士の雪がそまるのは夜明けよりはかなり前の刻であります。私の仕事場から日の出を見て、日本も、インドも、同じ仏さまを拝んでいるのだな、と思います。それは、お釈迦さまも、真言の大日如来もインドからお迎えしたからであります。仏さまは智慧、大日如来は光明であります。

が、実は、世界で一番古い宗教であるゾロアスター教の御本尊はマズダと申します。マズダとは、アフラ・マズラ、即ち智慧と光のことでありまして、般若（仏）と日輪のことになります。ゾロアスター教を、マズダ教とも申します。

キリスト教では何を拝んでいるでしょうか。

旧教の唯一神エホバは、口にすべからざる神名ヤハウェのことで、これは雷さまのことであります。シナイ山に住み、閃光をもって岩に十戒を刻んでモーゼに示しました。

インドや日本の雷さまは何処で、どうしておられるでしょう。

インドラ、この神はインドで、十二天の最高神であります。

日本では帝釈天と申します。

イスラム教では天からのお告げのコーランとキリスト教の旧約聖書を使っています。

恵みをあたえて下さる日輪。

悪をしりぞけて下さる雷さま。

世界中が、この同じ神仏を拝んでいることになります。

同じ神仏を頂いているのですから、私たちは、同じ親から生まれた子供のようなものでありますのに、人類も宗教もお互いにどうして仲よくできないのでしょうか。不思議に思うことであります。同じ親の子供たちが仲よくできますように。

平成四年十一月

姚田圭子

妣 田 圭 子（ひだ・けいこ）

大正元年、大阪に生れる。大正14年、大阪府立清水谷女学校入学。卒業後大阪毎日新聞社学芸部嘱託。戦後、大本山小野随心院で得度。草絵創始。全国行脚の旅に出る。カーネギーホールにて舞踊リサイタルを開く。世界各地で毎年草絵展開催。昭和35年より三越本店にて、昭和51年より東京セントラル絵画館にて毎年個展開催。平成２年５月財団法人サントリー文化財団より、サントリー地域文化賞を受ける。平成23年逝去。
主な著書に『ひとりごつインカ』（柏書房）『いのち生きる私』（山雅房）『見えないものを見る目』（希望社）『草絵妣田圭子創作集Ⅰ・Ⅱ・Ⅲ』（京都書院）『創り出すこころ』（日本教文社）等がある。

心《しん》経《ぎょう》百《ひゃく》話《わ》 新装版

1993年１月11日　初版第１刷発行
2014年８月６日　新装第１刷発行

著 者　© 妣 田 圭 子
発行者　今 東 成 人
発行所　東 方 出 版 ㈱
〒543-0062 大阪市天王寺区逢阪2-3-2
電話（06）6779-9571
FAX（06）6779-9573
装 幀　森 本 良 成
印刷所　亜細亜印刷㈱

ISBN978-4-86249-233-3　乱丁・落丁本はお取り替え致します。

お守り般若心経	小河隆宣	五〇〇円
般若心経に学ぶ	宝積玄承	一、八〇〇円
真言宗常用経典講義	坂田光全	一、二〇〇円
真言宗在家勤行講義	坂田光全	一、二〇〇円
比較思想から見た仏教	中村元著・春日屋伸昌編訳	一、八〇〇円
日本思想史	中村元著・春日屋伸昌編訳	二、〇〇〇円
仏像の秘密を読む	山崎隆之著・小川光三写真	一、八〇〇円
木喰　庶民信仰の微笑仏	大久保憲次・小島梯次監修	三、八〇〇円

＊表示の値段は消費税を含まない本体価格です。